常用公文
写作精要

李凯敏◎编著

九州出版社 JIUZHOUPRESS | 全国百佳图书出版单位

图书在版编目（CIP）数据

常用公文写作精要 / 李凯敏编著. -- 北京 ： 九州
出版社，2022.10
　　ISBN 978-7-5225-1161-0

　　Ⅰ．①常… Ⅱ．①李… Ⅲ．①公文－写作 Ⅳ.
①C931.46

　　中国版本图书馆CIP数据核字(2022)第164244号

常用公文写作精要

作　　者	李凯敏　编著
责任编辑	黄瑞丽
出版发行	九州出版社
地　　址	北京市西城区阜外大街甲 35 号 (100037)
发行电话	(010)68992190/3/5/6
网　　址	www.jiuzhoupress.com
印　　刷	北京捷迅佳彩印刷有限公司
开　　本	710 毫米 ×1000 毫米　16 开
印　　张	12
字　　数	171 千字
版　　次	2023 年 3 月第 1 版
印　　次	2023 年 3 月第 1 次印刷
书　　号	ISBN 978-7-5225-1161-0
定　　价	56.00 元

《常用公文写作精要》编委会

主　　编　　李凯敏　李　晶

副　主　编　　李咸菊　钱　平

　　　　　　　杜旭静　王　敏

编　　委　　任　晶　曹雪立

　　　　　　　张　哲　高文文

前　言

　　常用公文是各级机关履行职能的重要工具，是保证机关各项工作有序高效运转的重要条件，是各级各类领导机关发号施令的手段，也是实施领导、处理公务的工具。公文写作能力作为干部治理能力的一种，是干部政治能力、预见能力、执行能力、创造能力、应变能力的综合体现。习近平总书记在十九届中央纪委三次全会上强调，要把力戒形式主义、官僚主义作为重要任务。根据这一要求，公文写作应在规范、务实、高效等方面有更高的标准，但是一些从事公文写作的同志由于存在惯性思维、路径依赖、学习不及时、研究不深入等问题，在制发公文时出现格式不规范、结构不严谨、内容不具体等问题，不仅影响到办文效率，甚至影响到领导决策和工作部署。

　　本书编写组结合多年的公文教学经验，参考大量经典例文和公文写作资料，总结出常用公文的写作方法，希望给从事公文写作的同志一点启发，给学习公文写作的同学一点指引。

　　本书共分为五章，第一章常用公文写作基础，介绍了常用公文的文种及分类、常用公文写作的语言基础和写作规范。第二章至第四章依次介绍了指挥类公文、报请类公文、知照类公文、常用事务公文的写作方法，并配以写作结构模板及点评，突出实用性。

　　本书编写组成员均为长期工作在第一线的教师，本书既是他们公文写作教学经验的结晶，又是他们集思广益、辛勤笔耕的结晶。但是由于时间、精力有限，再加上写作素材等方面的限制，书中难免存在不足之处，恳请各位方家、读者不吝批评指正。

本书编写组

目　录

第一章　常用公文写作基础

　　机关公文是机关处理公务的具有特定效力和规范体式的文书，是机关履行职能的重要工具。公文写作能力是机关工作人员综合素质的重要体现，它不仅是对机关工作人员公文写作知识的检验，更是对他们的政治理论高度和对国家路线方针政策的把握水平、对涉及工作领域相关业务的熟知程度等的检验。

第一节　常用公文的文种及分类

　　根据公文性质的不同，主要将公文分为四大类：法定性公务文书、事务性文书、规范性文书、日用类文书。法定性公务文书是由有关法规（《党政机关公文处理工作条例》《军队机关公文处理工作条例》等）所规定的公文，在格式上要符合《党政机关公文格式》《军队机关公文格式》的规定。事务性文书是机关、团体、企事业单位在处理日常事务时，用来沟通信息、安排工作、总结得失、研究问题的实用文体。它虽然不属于法定的正式公文，但因种类多、使用范围广、使用频率高，故被称为准公文。

一、常用公文文种及其适用范围

无论是法定性公务文书、事务性文书、规范性文书，还是日用类文书，均有其特定的文种名称。

（一）常用法定性公务文书文种及其适用范围

《党政机关公文处理工作条例》第八条将公文分为 15 种，分别是：决议、决定、命令（令）、公报、公告、通告、意见、通知、通报、报告、请示、批复、议案、函、纪要。《军队机关公文处理工作条例》第八条将公文分为 12 种，分别是：命令、通令、决定、指示、通知、通报、报告、请示、批复、函、通告、纪要。由此可见，命令、决定、通知、通报、报告、请示、批复、函、通告、纪要是机关单位常用且通用的 10 个文种。这 10 个文种虽因写作者的工作性质和在工作中遇到的具体问题不同而在使用时有所区别，但是在写作方法、注意事项等方面存在着相通之处。

根据《党政机关公文处理工作条例》的规定，决定、命令（令）、通告、通知、通报、报告、请示、批复、函、纪要的适用范围主要是：

①决定。适用于对重要事项作出决策和部署、奖惩有关单位和人员、变更或者撤销下级机关不适当的决定事项。

②命令（令）。适用于公布行政法规和规章、宣布施行重大强制性措施、批准授予和晋升衔级、嘉奖有关单位和人员。

③通告。适用于在一定范围内公布应当遵守或者周知的事项。

④通知。适用于发布、传达要求下级机关执行和有关单位周知或者执行的事项，批转、转发公文。

⑤通报。适用于表彰先进、批评错误、传达重要精神和告知重要情况。

⑥报告。适用于向上级机关汇报工作、反映情况，回复上级机关的询问。

⑦请示。适用于向上级机关请求指示、批准事项。

⑧批复。适用于答复下级机关请示事项。

⑨函。适用于不相隶属机关之间商洽工作、询问和答复问题、请求批准和答复审批事项。

⑩纪要。适用于记载会议主要情况和议定事项。

（二）常用事务性文书文种及其适用范围

常用事务性文书有计划、总结、调查报告、简报、述职报告 5 种。这 5 个文种的适用范围主要是：

①计划。是为完成某项工作任务、实现某个目标，对一定时期内的工作预先作出设想、部署、安排的应用文体。

②总结。是单位或个人对过去某一时期、某一阶段、某个方面已完成工作的回顾与分析研究，并从中得出规律性的认识，用以指导今后工作的事务性文书。

③调查报告。是对某个单位、某个问题或某一事件进行深入调查和研究之后，根据调查研究成果写成的书面材料。

④简报。是机关向上级反映情况或向下级、向平级单位传递信息、通报情况的一种具有汇报性、交流性和指导性的简短、灵活、快捷的内部小报。

⑤述职报告。主要是下级向上级、主管部门和下属群众陈述任职情况，包括履行岗位职责，完成工作任务的成绩、缺点、问题、设想，并进行自我回顾、评估、鉴定的书面报告。

二、常用公文文种的选用原则

常用公文文种的性质、用途不同，使用范围也有所不同，写作者需要根据实际情况选用适当的文种。撰写公文时，按照行文目的、行文关系、发文机关所处地位与职权以及有关规定正确选用文种，有利于维护文件的权威性和有效性，便于受文者准确理解发文意图，使公文得到及时有效的处理，从而提高工作效率和效益。

（一）根据行文目的和要求选用文种

常用公文文种都有自己特定的行文目的和要求，在实际工作中应根据行文目的选择适当的文种。例如，请求上级机关给予指示、帮助和支持，用请示；通过典型事例或重要情况的传达，向全体下属进行宣传教育或沟通信息的，用通报；发布、传达要求下级机关执行和有关单位周知或者执行事项的，用通知；对一定时期内的工作加以总结、分析和研究，肯定成绩，找出问题，得出经验教训，用于指导下一阶段工作的，用总结。

（二）根据隶属关系选用文种

发文机关与主送机关的隶属关系不同，选择的文种也不同。例如，主送机关是直接上级机关的，选用请示、报告；主送机关为直属下级机关的，选用命令、决定、批复、通报等；不相隶属机关之间相互商洽工作、询问和答复问题时，选用函；不涉及隶属关系，主要用于本单位内部制订计划、总结工作的，分别用计划、总结。

（三）根据适用范围和使用时机选用文种

不同的公文文种，具有不同的使用范围。例如，通知与通报仅有一字之差，使用范围却不相同。通知适用于发布、传达要求下级机关执行和有关单位周知或者执行的事项，批转、转发公文；通报适用于表彰先进、批评错误、传达重要精神和告知重要情况。

不同的公文文种，具有不同的使用时机。例如，请示必须事前行文；报告可在事前、事中、事后行文，更多的是事后行文。计划在事前；总结在事后。

三、常用公文文种使用上的常见问题

虽然《党政机关公文处理工作条例》《军队机关公文处理工作条例》对常用公文文种的使用做出明确规定，但在日常工作中，由于种种原因，公文写作者在公文文种的使用上常常出现如下问题。

（一）自制文种

虽然《党政机关公文处理工作条例》《军队机关公文处理工作条例》对常用公文文种已有明确规定，但在实际工作中，使用非法定公文文种的现象时有发生。如报告用"汇报"，请示用"申请"，通告用"声明"，等等。

（二）误用文种

文种误用包括把党政机关公文当成军队机关公文使用、把事务性文书当成法定性公务文书使用。常见的情况有：把"决议""公报""公告""意见""议案"等党政机关公文当成军队机关公文使用；把"要点""打算""安排""方案"等事务性计划类文书当成法定性公务文书直接使用；把"总结""小结"等事务性总结类文书，用来汇报工作、沟通情况、交流经验的"简报"等当成法定性文书使用。需要注意的是，将上述事务性文书用转发或印发通知的形式发布，则是规范用法。

（三）混用文种

混用文种是指不按文种的功能和适用范围去选用文种，而造成临近文种相互混用，导致行文关系不清，行文目的不明，行文性质混淆。例如，"通报"和"通知"混用、"请示"和"函"混用、"总结"和"报告"混用、"纪要"和"会议记录"混用等。

（四）降格使用文种

降格使用文种是指本该用权威性较强的文种时，却用了一般性公文行文。例如，本该用命令、指示发布的公文而用通知发布。这种降格使用，必然会影响行文的权威和效力。

（五）文种名称不规范

文种名称不规范是指使用《党政机关公文处理工作条例》《军队机关公文处理工作条例》规定的法定公文文种以外的文种。常见的情况有：使用已取消的公文文种，如"会议纪要"等；将两个不同的文种名称合并或缩并在一起使用，如将"报告"写成"请示报告"，将"关于……的请示"写成"关于……的申请"，等等。

四、易混淆文种的辨析

文种具有体现公文性质、反映行文方向、表达行文目的要求、揭示公文特点的作用。实际工作中，某一发文要求可能会有几个相近文种可供选择，但是一份公文只能选用一个文种，这就要求公文制发者弄清相近文种在适用范围和功能上的主要区别，从而选择出最合适的文种。下面，仅从选择文种的角度，对容易混淆的相近文种进行辨析。

（一）用于决策指挥的公文文种辨析

命令、决定、批复虽然均属于决策指挥类文种，但每个文种都有特定的适用范围和行文要求，需仔细辨析。

1. 命令与决定

决定和命令均为领导机关决策时使用的下行文，二者的主要区别是：

（1）事项范围不同。命令用于宣布施行重大强制性行政措施；决定则既涉及对本单位的建设带有方向性、全局性、根本性、长期性的特定的具体事务，也涉及一部分非特定的具有普遍性的反复发生的事务。

（2）发文机关及署名方式不同。命令是正职首长签发；决定多见于各级党委行文。

2. 命令与批复

命令与批复同为指挥类下行文，二者的区别主要在于：

（1）发文动因不同。命令是发文单位根据情况和需要而主动发文；批复是答复下级请示的文件，是被动发文。

（2）适用范围不同。命令是向所有下级单位宣布施行重大强制性行政措施；批复适用于答复下级机关的请示事项，必要时可抄送其他相关单位。

（二）用于告知的公文文种辨析

通知、通报、通告、函均有告知事项的功能，但每个文种都有特定的适用范围和行文要求，需仔细辨析。

1. 通知与通告

二者都有告知性，均以机关名义署名。主要区别是：

（1）受文对象不同。通知是面向机关和部门，一般有特定的发文对象；通告通常是面向一定范围内的不特定的公众发布。

（2）行文目的不同。通知除需要有关下级周知有关事项外，有些还需执行或办理；通告一般专用于公布应当遵守或周知的事项。

（3）发布方式不同。通知以公文形式下发；通告主要采用在特定场合公开张贴或者新闻媒体发布的形式予以公开。

2. 通知与通报

通知与通报都适用于传达事项，均以机关名义署名，二者的主要区别是：

（1）时间关系不同。通知是事前发文；通报制发于事后，往往是对已经发生的事情进行分析、评价。

（2）行文目的不同。通知侧重于传达需要办理和周知的事项；通报侧重于表彰先进、批评错误、传达重要精神和告知重要情况。

（3）行文效力不同。通知可用来批转、转发、印发公文；通报则没有这些功能。

3. 通知与函

通知与函都适用于告知事项，都以机关名义署名，二者最主要的区别是行文关系不同，通知的主送机关通常是下级机关；函则适用于不相隶属的机关之间。

（三）用于报请商洽的公文文种辨析

请示、报告和函虽然都具有主送机关单一、报请商洽的事项具体明确等共性，但是三者之间有着本质的区别。

1. 请示与报告

请示与报告均是上行文，二者的主要区别是：

（1）行文目的不同。请示是有所恳求，要求上级机关批复；报告主要是下情上达，不要求批复。

（2）行文时机不同。请示必须在事前行文，待上级予以指示或批准（批复）后，才能按上级的要求进行工作或处理有关问题，不得"先斩后奏"；报告一般是事前汇报工作计划、事中汇报工作进展情况、事后汇报工作整体情况，也可以根据实际需要随时行文。

（3）行文内容不同。请示主要着眼于带有迫切性、需上级机关明确指示或批准的事项；报告主要着眼于向上级机关汇报工作、反映情况，回复上级机关的询问。

（4）行文要求不同。请示必须一文一事，请示中可以有报告的成分；报告可一文一事，也可一文数事，报告中不可夹带请示事项。

（5）行文效力不同。请示是双向性公文，下级有请示，上级必须有批复；报告是单向性公文，上级不必批复。如果所报情况典型，具有指导意义，则可以通知形式批转。

2. 请示与函

请示与函具有向收文单位提出请求、希望收文单位给予理解和支持的共性，二者的主要区别是：

（1）行文双方的隶属关系不同。请示作为下级机关向具有隶属关系的上级机关的行文，属于典型的上行文；函则主要用于不相隶属的机关之间。

（2）收文单位回复的文种不同。请示与批复属于对应关系，下级有请示，上级必须有批复；而函的收文单位回复的公文文种仍然是函，此时常常在标题的文种前加"复"字，形成"关于××××的复函"。

（四）用于记载会议的公文文种辨析

记载会议的法定公文是纪要，会议记录、会议决议、会议简报、会谈纪要等均属于非正式公文。

1. 纪要与会议记录

纪要与会议记录都要求如实反映会议的情况和结果，二者的区别在于：会议记录是会议的原始记录，与会者怎么说就怎么记，不能人为增减。纪要则是在会议记录的基础上，通过执笔人（依据会议宗旨）的分析综合、去芜存菁，按一定的逻辑顺序加工而成的。

2. 纪要与会议决议

纪要与会议决议都能反映会议议决事项，但会议决议通常只反映大多数人的一致意见和观点。纪要则要求将会议上有代表性的各种意见和观点都如实反映出来，情况性和消息性的纪要更是如此。

3. 纪要与会议简报

纪要与会议简报都能反映会议情况，但纪要要求全面系统地反映会议情况和会议精神；会议简报只是反映会议某个阶段或某个方面的情况。纪要一次会议只有一份，会议简报可定期或不定期编发。

（五）用于总结的公文文种辨析

报告、总结、调查报告、述职报告等文种，均适用于对过去一个时期内的工作情况进行系统归纳、分析、评价，但在具体使用时存在明显区别，需仔细辨析。

1. 总结与报告

总结与报告都具有自我总结的性质，但二者的性质不同，总结是事务性公文，报告是法定性公文。总结是对前一段的实践活动进行回顾、检查、分析评价，从中找出经验教训和规律性的认识，用以指导今后的实践。报告是向上级机关汇报本单位、本部门、本地区工作情况、做法、经验以及问题，主要是在汇报例行工作或临时工作情况时使用。

2. 调查报告与总结

调查报告与总结的共性主要有：紧密配合形势，有较高的政策性；抓住点上材料，推动面上工作，有较广的指导性；运用事实揭示事物的本质和规律，有较强的针对性；等等。二者的区别主要在于：

（1）取材的范围不同。调查报告反映的面较广，可以推广经验，反映情况、研究、揭露问题。总结反映的是本单位某个阶段的工作情况，或某项工作的具体经验。

（2）反映的内容不同。调查报告比较集中地说明一个问题、一项事情，或阐述成绩，或揭露矛盾。总结一般考虑全过程，既有基本情况的回顾、取得的成绩和经验，又有存在的问题和教训，以及今后应努力的方向。

（3）反映的时效不同。调查报告为配合形势的宣传，要迅速、及时。总结要到一定阶段才能撰写。

（4）使用的人称不同。调查报告通常是调查组调查研究别的单位的情况，故常用第三人称。总结通常是本单位自己动笔撰写的，故常用第一人称。

3.述职报告与工作总结

述职报告与工作总结都是对一定时期内的工作加以总结、分析和研究，二者在使用上却有不同之处：

（1）使用范围不同。述职报告是各类公职人员向所在单位的组织、人事部门、上级机关和职工群众，如实陈述本人在一定时期内履行岗位职责情况的一种事务文书。工作总结是对做过的某一阶段的工作进行系统的回顾、分析，从中找出收获、经验教训及带有规律性的认识的一种事务文书。

（2）目的作用不同。述职报告是群众评议组织、人事部门考核述职干部的重要文字依据，不仅有利于述职者进一步明确职责，总结经验、吸取教训、提高素质、改进工作，还有利于增强民主监督的良好风气。工作总结则是总结出带有规律性的理性认识，借以指导今后的工作；有针对性地克服工作中存在的问题，不断提高自身的工作能力。

五、常用公文的分类

为了更好地掌握、运用公文，加快公文的运转，提高办文质量和效率，需从不同角度对常用公文进行分类。

（一）按文件来源划分

公文来源就是指公文的制发处。按照来源，常用法定公文可分为三类：收文、发文和内文。

（1）收文，是外机关拟制的，用来传达外机关意图的文件。如上级机关发来的批复、通知；下级机关报送的请示、报告；不相隶属机关发来的函等。

（2）发文，是本机关拟制的，用以传达本机关意图的文件。如向上级机关发出的请示、报告；向下级机关发出的命令、批复；向平级机关发出的函等。

（3）内文，是由本机关拟制，并在机关内部使用，用以部署与管理本机关内部工作的文书。如本机关内部使用的通知、计划、总结等。

（二）按行文方向划分

行文方向就是指以发文机关为立足点，根据工作需要和行文关系，公文向不同层次的机关单位运行的去向。按照行文方向，常用法定公文可分为上行文、下行文、平行文。

（1）上行文，是下级机关向上级机关呈送的公文，主要用于请示工作、汇报情况。如请示、报告。

（2）下行文，是上级领导机关对所属范围内的下级机关的行文，用来传达上级领导机关的意图、部署工作、指导有关活动。如决定、批复等。

（3）平行文，是不相隶属的机关之间的行文。

上行文、下行文、平行文的性质和作用不同，反映了机关之间的工作关系，所采用的文种、公文用语、表达方式、语气以及处理过程亦有所区别。

（三）按文件处理要求划分

文件处理应坚持实事求是的原则，按照行文要求和文件处理规定进行，做到准确、及时、安全、保密。按照文件处理要求，常用法定公文可分为必办件和参阅件、急件和平件、保密件和普通件。

（1）必办件和参阅件，是处理方式上要求不同的文件。必办件必须加以承办和答复；参阅件仅供阅读、参考，而没有强制执行作用。

（2）急件和平件，是处理时间上要求不同的文件。急件是需迅速传递办理的文件；平件是不需要紧急办理的文件。平件是与急件相对而言的，急件固然要先办，但平件也不允许拖拉积压。

（3）保密件和普通件，是阅读范围和执行上要求不同的文件。一般来说，文件的密级越高，保密要求越严，接触人员的范围越小。文件制发部门要依据文件内容、隐秘程度和工作需要，确定适当的密级、印份、发送范围和阅读级限。随着时间的推移和条件的变化，密级会逐渐降低或解除。普通件虽然不严格限制阅读范围，但同样应当准确、及时地办理和安全保管。

（四）按文件的制发过程划分

同一公文在写作和印制的过程中，以及根据使用的需要，可以形成各种稿本，如草稿、定稿、正本、副本、试行本、暂行本、修订本、不同文字稿本等。同一公文的不同稿本，在内容、形式和效用等方面也有很大的不同。

（1）草稿，是公文的原始文稿，包括讨论稿、征求意见稿、草案等多种形式，均供讨论、征求意见和修改审核使用，不具备正式公文的效用。草稿的外观特点包括：没有生效标志（如签发人、印章等）；文面上常有"讨论稿""征求意见稿""送审稿""草案""初稿""二稿""三稿"等稿本标记。标记大都位于标题下方或在标题右侧加括号。

（2）定稿，又称原稿，是已经履行法定生效程序的最后完成稿，业经机关首长审核并签发，正式会议讨论通过或经上级机关审核批准的文稿。具备正式公文的法定效用，是制作公文正本的标准依据。

（3）正本，定稿印制的正本是供受文者使用的具有法定效用的正式文本，其格式应规范并具备各种生效标志。

（4）副本，是再现正本内容及全部或部分外形特征的文书复制本或正本的复份。副本在内容上与正本并无区别，只是作用不同。副本供存查、知照用。

（5）试行本，是法规文件正本的一种特殊形式，在试验推行期间具有法定效用。试行本主要适用于发文单位认为文书内容经实践检验后可能要进一步进行修订的情况。试行本的外形特征主要是在公文标题中加注稿本标记，一般是在文种后用括号注明"试行"字样。

（6）暂行本，是法规文件正本的一种特殊形式，在实施期间具有法定效用。这类文书应在标题的文种前加上"暂行"二字。

（7）修订本，是对已经发布生效并实行一段时间后的文件进行修改订正再行发布时使用的文本。修订本具有法定效用。修订本的外形特征除与其他正本相同之外，还需要做出稿本标记。稿本标记既可在标题结尾处标注"（修订本）"，也可在标题下做题注，在圆括号内注明"某年某月修订"。

（8）不同文字稿本，是同一公文需要用两种或两种以上文字撰写时，不同文字所形成的内容相同的文稿或文本在效用上相同。

第二节　常用公文写作的语言基础

公文语言是构成公文的物质细胞，是公文思想内容表达的物化形式，是公文写作的第一要素。公文写作就是运用书面语言来传达贯彻党和政府的政策法令、发布法规、部署工作、总结经验、沟通公务活动情况和处理日常事务的一种活动。语言在公文写作中不仅占有重要的地位，而且与其他文种相比，还有更特殊、更严格的要求。只有准确灵活地运用好公文语言，才能写出规范得体的公文。

一、常用公文语言的要求

公文语言是实用语言，具有少文饰、求明晰、重程式等特质。公文语言在语体风格、语言运用方面的基本要求有：

（一）真实准确，达意明确

公文是在军事活动中形成和使用的，政策性、时效性极强。使用真实准确的语言表达明确的意思是公文写作的第一要求。如下行文要求下级遵照执行或办理，有失准确就会造成下级人力和物力的浪费，甚至酿成事故。上行文语言不准确会造成信息错误，导致上级依据错误的信息做出错误的决策。平行文用语不准，则会影响彼此的关系和事项的办理。只有语言真实准确的公文才能如实反映客观事物，如实传达发文机关的意图，使收文机关正确地理解公文的内容，从而顺利地及时批复或贯彻执行。

公文语言要做到真实准确，达意明确，首先，从总体上要讲求科学性和逻辑性。句子语义要完整，判断要合乎逻辑；特别是政策性、指导性、凭据性较强的公文，其内涵外延需清楚，政策界限需分明，要符合客观实际，恰如其分地说明情况，阐述问题，表达意见，达到"意与言合，言随意遣"。其次，遣词造句应真实准确。真实准确是公文的生命，古人云："一字贴切，全篇生色；一字乖僻，全篇震惊。"公文语言的准确，就是不夸大，不缩小，不添油加醋，不褒贬失当，更不文过饰非。要力戒用词含混，歧义迭出；用语不慎，前后矛盾；概念不清，留有漏洞；判断不当，结论模糊。

（二）简明扼要，精练得当

语言的简洁精练，就是以最简洁的语言表达尽可能丰富的内容，做到"文约而事丰，言简而意赅"。公文是处理公务的工具，公文语言在保证全面准确表述思想感情的前提下，只有尽可能简洁精练，才能最大限度地提高工作效率。公文语言简洁精练，能达到庄重的效果，增强公文的严肃性和权威性。

公文语言要做到简明扼要、精练得当，就要多肯定、少模糊，多要求、少议论，不说套话、空话、废话，言简意赅，追求"要言不繁""惜字如金""辞达而已矣"的效果。

（三）严谨庄重，规范质朴

公文是制发机关的观点、看法、意见、态度的直接载体，是受文机关和人员活动的准绳，具有鲜明的政治性、极大的权威性。要体现公文在公务活动中的法定效力和权威性，就应当注重公文语言的庄重严肃、平实质朴、规范得体。

公文语言要做到严谨庄重，不仅应从公文思想内容上考虑用语的分寸，还要和所拟制公文的文体吻合，语言、语气必须符合行文者的职权范围、行文方向和特定文体表达的需要。例如：上行文用语要谦恭，讲究礼貌，体现出对上级的尊重；下行文用语要郑重果断，逻辑严密；平行文用语要平和质朴，创造良好的协商、合作氛围。此外，严谨庄重还体现在撰写公文时，要尽量使用公文的专用语。再如："任免""免职""呈报""审核"等专用语，除了公文中使用外，其他语体基本不用，带有浓厚的庄重色彩。公文特定用语在准确、严谨地表述公文内容及格式的同时，还能有效地增强简明、庄重的语体风格。

公文语言的规范质朴体现在四个方面：一是要符合现代汉语的规范要求；二是要符合党的路线方针政策、国家法律法规以及军队有关规定；三是要严格遵循语法规则行文，如实表达事物的本来面目；四是要选用贴切的词语，恰如其分，朴实无华，力戒矫揉造作。

（四）鲜明生动，修辞得体

准确、鲜明、生动、符合语法和逻辑，是公文写作的文字表述要求。如果说准确是公文的生命，那么，鲜明就是公文的脉络，生动就是公文的血肉。对每一份具体的公文来说，提倡什么，反对什么，布置什么任务，提出什么要求，解决什么问题，沟通什么信息，必须要开门见山，言简意赅，态度鲜明，立场明确，抓住问题的关键和要害，切忌模棱两可，似是而非。语言生动是提高公文效力的重要条件。在这里，生动主要是指公文语言的运用灵活多样、新鲜别致、活泼动人，不枯燥乏味，不呆板沉闷。

撰写公文时，虽然讲究语言朴实自然，是非清楚，态度鲜明，立场明确，但也要讲究适当的修辞。恰到好处的修辞，可以起到画龙点睛的作用。在公文写作中，应恰当地运用修辞手法，努力使语言表达明确而不单调、庄重而不刻板、简洁而不平沓、平实而不枯燥，让公文真正成为交流信息、传达情况、管理政务的工具。

二、常用公文语言的运用

公文是机关意志的体现，是行动的依据，是记录工作的信息载体。撰写公文时，应按公文语言的要求选词造句，组段成篇，使公文语言更好地为表达内容服务。

（一）锤炼词语

公文语言的准确，即用词确切恰当，表意明确周密，不悖事理，言实相符。一篇公文就是一连串词汇的巧妙组合体，用词是否准确，直接关系到全句、全段，直至全篇的表达。

语言准确，首先体现在选词准确。对意思相近的词语进行"比较、推敲、寻找、选择"的过程，就是锤炼词语的过程。既然是"锤炼"，就不是一次能够做到的，而是需要反复推敲、选择。要学会连续想到几个意思相近的词语，然后通过反复地推敲、比较，最后从中选择出一个最符合事实（不失实、不失误）、最能恰当地反映客观事物特点、最能贴切地表达领导意图、最能增强语言表达效果的词语。

1. 辨析词义，防止选词不准

词语是概念的表达形式，但同一语词在不同的场合可以表达不同的概念。如"主题"一词，在音乐中是指主旋律，在文章写作中有时指主标题，有时指全文的中心思想。公文写作务必要对概念进行仔细辨析，准确把握其内涵和外延。假如不辨词义，用词不当，就会造成词不达意。例如："热烈欢迎将士们凯旋归来。""凯旋"就是胜利归来之意，"凯旋归来"属于词义重复。因此，此句应改为："热烈欢迎将士们凯旋。"再如："盗窃严重阻碍了社区内部的稳定。""阻碍"是阻挡住，使不能顺利通过或发展之意，用在这里不恰当，应改为"影响"。

近义词是指意思基本相近的词，其含义、搭配对象均有所不同。如"违背"和"违反"，"请求"和"恳求"，"努力"和"竭力"，"希望"和"盼望""渴望"，均是后者的语意比前者重。撰写公文时，对这类词应根据内容的需要恰当选用，以防出现大词小用、重事轻说的毛病。例如："防止恐怖袭击……""防止"是设法制止之意，"防范"是防备、戒备之义。恐怖袭击通常是隐蔽的、突发的，很难事先防止，只能防范。再如，"边疆"和"边境"的区别是：前者指靠近国界的领土，范围较大；后者指靠近边界的地方，范围较小。

公文中也忌生造词语。如把"抗冰雪、恢复电力任务"写成"抗冰复电"；将"理论指导不力"概括为"理指不力"；将"一纸空文""一句空话"写作"一纸空话"，等等。

2. 分辨词类，防止搭配不当

词是构造句子的"建筑材料"，不同的词在构造句子中的作用并不相同。按词在造句中的不同功能而分出来的类，一般称作词类。现代汉语的词可以分为实词和虚词两大类，名词、动词、形容词、数词、量词、代词、副词、区别词、拟声词、叹词 10 小类是实词，介词、连词、助词、语气词 4 小类是虚词。各类词的性质不同，其语法意义、语法功能、语法特点也不同。在公文写作中要做到用词准确，就要分清词性，了解其语法特征。否则，选用时就容易产生错误。例如："他的罪行恶劣地严重。""恶劣"是形容词误作副词，应改为"非常"或"相当"。

在所有的介词中，适用于公文语体的介词只占到三分之一。其中，表示对象、范围的介词有"对""对于""关于"等。介词短语充当状语、定语，可从目的、原因、范围、对象、依据、方式等方面对被表述的对象、内容做出限定，从而使公文的表达更准确、严谨。

3. 区别感情色彩，防止褒贬失当

在汉语词汇中，除了很大一部分"中性词"以外，还有一些词语是能通过其特定的含义体现出鲜明、精妙的感情色彩的。例如："英雄""模范""崇高""坚贞""瞻仰"，体现的是喜爱、赞许、敬仰的感情；"可恶""可恨""无耻""无赖""鄙夷"，体现的是憎恶、斥责、鄙视的感情。这就要求公文作者在选词、用词时，注意区别词语的感情色彩，掌握"分寸感"。

词语的感情色彩可从两个方面来辨析：一要区别词的褒贬色彩。例如："坚定""顽强"是褒义词，"固执""顽固"是贬义词。二要分清语意的轻重。如"责备""责怪""指责""斥责""谴责"这组词，其语意是由轻到重的。再如"错误极其严重，应当进行批评"之类的行文，则属于错误程度与采取措施不相称，处置不当。

汉语词汇极其丰富，要想从浩瀚的词汇海洋中选取唯一的、精确的词语来准确地叙事、言物、表情达意，是一项十分艰苦的工作。在写作公文的过程中，对每一个词都要做一番推敲，以保证贴切地表达自己的思想，准确地再现事物的原貌。

4. 删繁就简，防止措辞不精

若要使语言简练，在尽量节约用字的同时，还要把意思表达完善。这就要求在写作公文时，要通过反复推敲，选择那些经过千锤百炼的最精粹的词语。

公文具有较强的严肃性，表达不准确、语言杂糅等均会影响到公文的严肃性和效率。要想避免语言啰唆，就必须在行文中挤掉各种水分，删繁就简、删长就短、删悬就明、删虚就实。也就是说，删除与主题不相干的内容，特别是那些不必要的重复和解释。如："全体人员要勤俭节约，避免不必要的浪费。"这里的"不必要"，就是多余的成分。

（二）理顺语句

公文的畅通，是以语句的通顺为基本条件的，语句的通顺则取决于构成句子的语词的排列组合要合乎语法，合乎逻辑。

1. 遣词造句，应符合语法

语法是对语言运用的一种规定，既反映语言结构的规律性，又是约定俗成的规则和习惯。在公文中，断句、残句、搭配不当是常见的病句类型。如"采取……""运用……"，经常遗漏宾语"方法""战法"等。再如"围绕……为主题"属于搭配不当，应改为"围绕……主题"，或"以……为主题"。

有些句子虽无语法错误，但是内容不符合客观真实。如："六百多人，几千条胳膊，同洪水搏斗了一天一夜。"六百多人怎么能有几千条胳膊呢？显然不合逻辑。

造句如何才能合乎语法逻辑呢？

首先，句子成分要完整。构成一个句子最基本的成分是主语、谓语和宾语；在比较复杂的句子里，还有定语、状语和补语等连带成分和附加成分。在一般情况下，句子的主干部分是不能随意省掉的。如果省掉了不该省略的成分，句子就会残缺不全，意思也不能表达清楚。如："随着高技术武器装备大量地运用于战场，使作战样式发生了深刻的变化。"其中，"随着……"是介词短语，介词短语不能充当主语。只要删去"随着"，句子就完整了。

句式杂糅是指有两种或两种以上类型的句子杂糅在一起，从而造成语句结构的混乱。常见的句式杂糅有以下几类：或者前半截用这种句式，后半截用那种句式；或者在本没有因果或转折等关系的两个句子中间，硬加上表示因果或转折等关系的词语；或者硬将几个毫无关系的句子串联在一起；等等。例如："学术新观点的提出，是在批判地继承、学习前人创造出来的理论的基础上产生出来的。"应改为："学术新观点，是在批判地继承、学习前人创造出来的理论的基础上提出来的。"

其次，搭配得当，语序符合逻辑和常理。语序是指语言里语素、词组合的次序。语序不同，所表达的意义也有所不同。语句唯有成分完整、搭配得当、语序妥帖、结构合理、含义明确、合乎情理、句式合理，才能达到最佳表达效果。

如果搭配不当、语序不当，就会造成结构混乱，句意含混。例如："相当多的青年干部，缺乏艰苦生活的锻炼，心理承受能力和心理调控能力很脆弱。"能力只有强弱之分，而无脆弱与坚强之分，"能力脆弱"属于搭配不当。再如："战斗方式的这些变化，如果没有时间的积累，也不可能如此一步一步地由低级向高级发展变化。"应改为："如果没有时间的积累，战斗方式也不可能如此一步一步地由低级向高级发展。"

2. 分层设段，注意过渡照应

公文结构内容包括开头和结尾、层次和段落、过渡和照应等。安排结构就是在总体结构思路的指导下，组织安排好这些环节，构成相互紧密联系的有机整体，组成条理清晰、前后连贯、首尾圆合的篇章形式。在一篇公文中，段落具有相对的独立性，在安排段落时，应遵循三个原则：一是注意段落的单一性和完整性；二是各段落间要有内在联系，每段均应成为全篇的有机组成部分，否则就会使整篇文章如一盘散沙，文气不同；三是应注意整体的匀称，要粗细合度。

过渡与照应是使文本内容前后连贯的重要结构手段，过渡是指上下文之间的衔接和转换；照应是指前后内容上的彼此配合、关照和呼应。通过过渡与照应，可以实现相邻近的段与段、句与句之间文脉的衔接、思路的贯通。朱光潜先生曾说过："文章的不通有多种，最厉害的是上气不接下气，上段上句的意思没有交代清楚就搁起来，下段下句的意思没有伏笔就突然出现。"

而对治"不通"的有效手段，就是过渡和照应。常见的过渡形式有三种——过渡句、过渡段、过渡词。当所写的内容由总述到分述或由分述到总述的时候，就需要运用过渡，使文章的思路顺利展开或自然收拢。

合理地运用照应的手段，不但能使文脉贯通、结构严谨，还能使文章中某些关键的内容得到强化。照应的常见形式有首尾照应、序列照应、注释性照应等。首尾照应就是结尾照应开头。如开头的"为……制定本规定"，结尾的"本规定从×月×日起施行"。序列照应就是将文章内容按照排定的序列依次表达时，序列的外部标志之间会产生前后呼应。如"首先……其次……最后……"，"第一……第二……第三……"，就是公文序列的外部标志。

3.阐述观点，注意连贯集中

在阐述某一观点或问题时，应尽量集中阐述。若是掺杂其他观点或问题，就会造成公文结构的零散、分割和表述的不畅。

在行文中，应避免过多使用穿插性语言。过长的解释说明，过多的举证示例，频繁的回顾联想，不仅会妨碍阐述的连贯性，还会转移人们对主题的关注。此外，还要尽力避免"枝蔓横生"，删去一切不必要的细节，使主旨凸显出来。

（三）适当修辞

公文语言要力求做到"言之有物、言之有理、言之有序、言之有文"。也就是在观点正确、鲜明，语言准确、通畅、简练的前提下，力求做到语言生动，有文采，富有感染力，不枯燥乏味或晦涩难懂。毛泽东在党的七届六中全会上提出："一个合逻辑，一个合文法，一个较好的修辞，写文章的时候一定要注意这三点。"语法是解决通不通的问题，逻辑是解决对不对的问题，修辞是解决好不好的问题。在写作公文时，综合运用各种修辞方法，可以增强语言的表现力和感染力。

有人认为，公文是依法行政和进行公务活动的重要工具，是上情下达、下情上报的重要载体，具有很强的政策性、时效性、权威性，无须像文学作品那样进行细腻的描写，也不需要像学术论著那样长篇长论。这种认识是不正确的。撰写公文时，如何实现准确、鲜明、生动的统一呢？

1.选用具体形象的词语

任何抽象的概念都来自具体的事实，如果在撰写公文时，能把理论的概括同形象的描述恰当地结合起来，就会有助于深刻地揭示事物的本质。例如，毛泽东将"党八股"的第五条罪状形象地概括为"甲乙丙丁，开中药铺"；写党内团结和同志间互助的必要性时，则用"荷花虽好，还要绿叶扶持"等生动语言来形象说明，把深刻的道理写得明晓易懂。

在公文中，适当地运用惯用语、名人名言、熟语、成语、典故、文言词语等，可增加公文语言的感染力和表现力。如"四个意识""四个自信""两个维护"等简略语，可谓言简意赅。在公文中使用简略语时，需注意三个问题：含义明确；注意使用范围；注意使用场合。需要指出的是，公文中第一次使用缩略语时，应当使用标准全称，并注明下文使用简称。

公文的语言讲究朴实无华，恰当地运用积极修辞的手法，坚决杜绝空话、套话、大话。例如："这伙害群之马里呼外应，上蹿下跳，飞檐走壁，神出鬼没，像鬼怪，似妖精，使群众胆战心惊，魂不附体，不寒而栗。"这段文字既不合情理，也不合事实。

2.灵活采用多种句式

全篇使用一种句式，会使公文显得平板呆滞。而灵活采用多种句式，能使语言更加形象生动，表意更加丰富。巧用比喻、避复、层递、对照、粘连、叠字、倒装、排比等修辞手段，可使句式富于变化。例如："强化求实观念，找准结合点，增强工作针对性；强化创新观念，找准突破点，增强工作创造性；强化党性观念，找准着力点，增强工作时效性。"运用排比句式，表述节奏鲜明，条理清晰，论述透彻严密。再如："大兴求真务实之风，坚持从实际、实效和实战出发，不提无益于战斗力发展的口号，不出影响战斗力建设的点子，不搞干扰战斗力形成的活动，不摆阻碍战斗力提高的花架子。"连用四个"不"，阐述了纠治训练中的形式主义的四条措施。

3.注意语言上的节奏感

在公文中适当地运用结构一致的成语或语言结构，可以增加公文语言的节奏感和美感，增强公文的感染力和表现力。例如："一切闭关自守、墨守成规的思想和行为都是错误的，一切单纯依赖外力、迷信外国的思想和行为也都是错误的。"（《在第五届全国人民代表大会第四次会议上的政府工作报告》）"闭关自守""墨守成规"等成语的使用，使这段表述言简意赅，精辟庄重，具有雅致凝重的风姿和韵味。再如："训练可以通过严格系统的训导和全面磨砺，加速高素质人才生成。"其中，"严格系统的训导"和"全面磨砺"的结构不一致，由此影响了这句话的节奏感。若改为："训练可以通过系统训导和全面磨砺，加速高素质人才生成。"无疑更有节奏感。

第三节　常用公文写作规范

公文规范大致分为形式规范和内容规范两个方面，《党政机关公文格式》《军队机关公文格式》对公文的格式进行了详细规定。内容规范侧重于写作过程中应注意的事项，包括文种规范、结构规范、表达规范、标点规范等。

一、结构规范

公文的结构是指公文的构成要素及其组织构造。简单地说，就是谋篇布局。公文是一种特殊的文章，写作过程中除了要遵行一般的写作通则之外，还需要遵循一些特殊的规律。首先，公文要做到开头部分、主体部分和结尾部分齐备，即"有头有尾有中段"。开头要有交代，结尾处要有相应的照应说明，文章的各部分不可无故残缺。其次，各部分之间在内容上要相互连贯，井然有序，有紧密的衔接和合理的过渡。最后，各部分之间有严密的逻辑联系，既不能出现前后内容互不相干的现象，也不能出现前后内容相互矛盾的现象。公文在结构安排上有四个要求：一是必须准确反映公务活动的内在本质和联系；二是必须服务于公文主旨的需要；三是必须适合公文的不同体式；四是必须符合公务活动认识上的思维逻辑。

（一）结构规范的要求

1. 适合公文的不同体式

公文的标题、主送机关、正文、附件说明、发文机关署名和印章、成文日期、附注以及附件等，均有明确统一的规范性要求，须按照要求进行书写和标注。

公文正文一般由开头、主体和结尾三部分组成，开头主要说明发文的根据、缘由和目的，应开宗明义、开门见山，"立片言以居要"；主体是公文的核心部分，表述公文的主要内容，应观点鲜明，意见、措施得当，层次、段落安排有序；结尾主要表述发文机关对文件办理的要求，或请求批复，或要求执行，或提出希望，首尾呼应，结束全文。但，由于公文的文种很多、内容繁杂，在组织材料时必须从所写内容的实际情况出发，采用恰当的结构方式，以适应不同文种的特点，从而做到内容与形式相统一。就通知而言，开头主要交代通知缘由、根据；主体说明通知事项；结尾提出执行要求。批复基本采取对解决问题的结果予以答复的单一结构。工作总结主要包括工作概况、工作成效、工作措施、存在问题、经验体会、下一步打算六大部分。

2. 服务于公文主旨的需要

公文作者在构思过程中，首先应根据公文的主旨和目的，确定先写什么、后写什么，材料的主次详略及相互联系，怎样划分层次段落，怎样过渡照应，等等。凡是无益于表现公文主题或者影响通篇布局的内容，均应大胆删除或调整。好的公文结构，应层次清晰、条理清楚、中心明确、重点突出。

3. 符合公务活动认识上的思维逻辑

公文作为公务活动的产物和工具，其结构必须准确反映公务活动这一客观事物的内在本质和必然联系。一要有序。公文一般按照由开端到结尾、由总到分、由局部到整体、由原因到结果、由主体到从属等的顺序安排结构。切忌忽远忽近，忽明忽暗，忽主忽从。二要连贯。公文的部分与部分之间，或呈现因果关系，或呈现主次关系，或呈现并列关系，或呈现表里关系，各部分互相弥补、互相协助，不能互相矛盾、互相拆台。与此同时，层与层之间、段与段之间、上下句之间要前后衔接、条理分明、语意连贯。三要区别。对相反的意思，一定要区别开来；对相同的意思，则要集中阐述，做到界限清楚，避免混淆不清，妨碍公文主旨的表达。四要周密。在结构安排上，一定要做到严谨细密，无懈可击。

4. 划分段落的原则

公文正文分段的目的，在于清晰而有次序地把内容展示出来，因此，划分段落要以公文内容的需要为依据。划分段落的原则是：单一、完整、明确。所谓单一性，是指每一段只能说明一个中心意思，一个意思要在一段内集中讲完，做到意向清晰，段旨明确，使人一目了然。所谓完整性，是指每一段落要完整地表达一个意思，各段之间要相互贯通，内在联系紧密，符合逻辑顺序。所谓明确性，是指段旨应明确、突出，一般是起句立意，用扼要语句将该段主旨加以概括和提炼，置于段首，而后再进行阐述。

（二）基本结构形式

公文的结构形式，就是公文正文在内在逻辑和外部形态上所表现出的形式。古人云："设文之体有常，变文之数无方。"公文结构形式虽然千变万化，但总体上说还是有一定规律可循的。

1. 常用的内部结构形式

（1）并列式。公文的各个层次（小标题）之间为并列关系。这种形式一般是根据主题的不同侧面来安排结构的，它要求各个层次必须角度一致，轻重相当，互不交叉，相互间又有内在联系。按照这种形式写出来的公文具有工整明快、条目清晰的特点。适用范围比较宽泛，尤以报告、简报、计划、总结居多。

（2）递进式。公文各层次之间为由表及里、由浅入深的递进关系。这种形式一般是按事物发展顺序和人们的认识规律来安排结构的。优点是主线清楚，内容展开自然有序，给人以道理越讲越深、思路越来越宽的感觉。需要注意的是，这种形式层次排列位置是固定不变的，必须依次进层，不可跳跃或任意颠倒。领导讲话、通报、简报常采用这种形式。

（3）总分式。公文各层次之间为总括和分析的关系，有先总后分和先分后总两种类型。一般来说，总为概述或结论，分为表象或根据；总为分张目，分为总服务。这种结构形式要求：总要总得得体，既高度概括又无空中楼阁之感；分要分得恰当，既具体生动，又无刀锛斧凿之痕。调查报告、工作总结、条例规章等常采用这种形式。

（4）连贯式。按照事件发生、发展、结局的时间顺序来安排结构。重大事故的调查报告、重点工程及重要经济技术活动的情况报告、专题性的调查报告、表彰或批评性的通报等常用这种形式。

2. 常用的外部形态类型

（1）篇段合一式。一个段落就是一篇完整的文章，即正文全文内容包容在一个完整的自然段内。这种形式常用于内容单一、篇幅简短的公文。

（2）两段式。正文内容用两个自然段来表达。例如：行文的缘由和行文事项为一段，希望、要求等结语为一段；省略结语部分，写作目的缘由、行文事项各为一段；在转发、发布性公文中，将发布或转发的文件名和发文意见列为一段，执行要求另为一段；在答复性公文中，将表示收到对方文件为一段，而答复事项为另一段；没有开头、结尾部分，将主体内容列为两段。

（3）三段式。这是短篇公文比较规范的模式。将正文分为写作目的缘由、写作事项、结尾三个部分。

（4）多段式。通常用于篇幅较长、涉及方面或事项较多的公文。正文有四个自然段及以上，主要按自然段安排层次，以自然段落组成全篇。

（5）综合式。公文开头部分（引言部分）先总说：或概述情况，或说明写作目的、依据、原因，或阐明主旨、摆出结论。后文则分条文分述有关内容，每条或说明事物的一个方面，或围绕主旨阐述一个问题，或分析事件的一个原因，或提出一项要求、措施、办法等。为了眉目清楚，每个部分可用小标题或者序号列出，但多 用序号加小标题的形式。小标题或者作为层旨句概括该部分中心，或者提示该部分内容范围。这种结构形式容量较大，眉目清楚，头绪分明，适用于内容较多、篇幅较长的公文。

（三）公文常用特定用语

1.开端用语

开端用语置于公文正文首段起句处，用来表示行文的目的、依据、范围，或用来表示时间，或作发语词等。常用的开端用语主要有：

（1）根据式。有关的方针政策、规章制度、文件精神、领导指示以及实际情况或问题，常常被当作拟写公文的根据。一般以"根据""按照""遵照"等介词组成介词结构，作为公文的开端之语。

（2）原因式。在开头部分交代行文的原因，或者对公文内容的背景、基本情况作简要介绍。这种开头方式有时用"因为""由于""鉴于"等表示原因的词语表达，有时用所阐述的情况予以表达。

（3）引叙式。在开头部分引用上级文件精神，或下级来文，或有关法令，作为撰写公文的根据。

（4）提问式。在开头部分提出问题，引起下文。调查报告、学术论文的开头常用这种方式。

（5）结论式。将结论写在开头，揭示事件的意义和发文者的主张、观点，然后再作具体阐述。

（6）规定式。即那些有明文规定如何开头，或虽无明文规定，但大家习惯上用法比较一致的文种的开头方式。纪要以及一些规章制度的开头常用这种方式。

在实际工作中，公文制作者应根据实际需要，灵活选用公文的开端用语。

2. 过渡用语

过渡是指层次、段落之间的衔接与转换，具有承上启下，使公文脉络畅通、完整严谨的作用。在公文中，层次与层次之间由总到分或由分到总时，中间一般需要过渡；段与段之间的对比转折处，也需要过渡。常见的过渡形式有：

（1）过渡词。常见的过渡词有："综上所述""总之""因此""另外""为此""对此""为使""对于""关于""鉴于""概括地说""实践证明""会议认为""会议希望"，等等。

（2）过渡句。常见的过渡句有："现将有关事项通知（通告）如下""现请示（报告、批复）如下""现将有关问题函复如下""我们的主要做法是""今年下半年应做好以下几项工作"，等等。

（3）过渡段。较长的公文中如果前后文的内容差异较大，就要安排一个段落承上启下，这个段落就叫过渡段。过渡段不是独立的意义段，主要功能不是表达意义，而是完成内容的转换。

3. 结尾用语

结尾用语用于结尾，表示收束。

（1）总结式。运用简洁明了的语言，概括全文内容，或得出结论，进一步加深读者的印象。工作报告、总结、调查报告等常用这种结尾方式。

（2）要求式。用于下行文中，向受文者发出号召，提出希望、要求。决定、指示、通知、计划等常用这种结尾方式。如"为要；为宜；为妥；希遵照执行；特此通知；此复"等。

（3）祈请式。用于上行文中，下级机关向上级机关请求决断、指示、批示或批准事项。如："当否，请批示。""可否，请指示。""如无不当，请批转。""如无不妥，请批准。""特此报告。""以上报告，请批转。""以上报告，请审核。"

（4）商洽式。用于平行文中，如"为盼；为荷；特此函达；特此证明；尚望函复"等。

（5）说明式。在结尾处对主体部分的未尽事宜作一些补充说明，或者对与内容有关的问题作一些交代。公告、通报、通告和规章制度等常用这种结尾方式。

二、表达规范

公文语言除了要遵循基本的语法规范外，还要遵循公文语言自有的一套标准。在长期的公文写作实践中，形成了许多约定俗成的模式化用语。了解与使用这些模式化用语，有助于增强公文语言的通用性和准确性。

（一）时间空间的规范表达

1.时间的规范表达

（1）公文在时间表述上务求准确，应尽量避免使用"今年""昨天""上月"等时间名词。

（2）避免运用一些交代不清的时间概念。如"上月以前""前年以后"等。

（3）公文中的年份概用全数，不得省略。如"2022年"不得省略为"22年"。

（4）使用我国或其他国家某朝代年号时，必须加注公历年份。如"清顺治十一年三月十八日（1654年5月4日）""昭和二十三年（1948）"等。

2. 空间的规范表达

（1）表示地方的专用名词中，城市、县、乡等名称第一次出现在文中时，如属于国外的，应冠以国别；属于国内的，应冠以所属省、自治区、直辖市的名称。

（2）所有国名、地名均应使用国家公布的标准名称（包括标准译名），一般不使用别称，国内地名不用简称。

（3）除出于特殊需要（如保密等）或表达对象在文中无重要和必要意义时之外，公文中的空间概念大都需精确表达。

（4）慎重使用表示处所的代词（"这里""那里"等），以防止误解或费解。

（二）数字的规范表达

数字主要包括汉字数字和阿拉伯数字两种。公文中的数字，除成文日期、专用称谓、结构层次序数、词、词组、惯用词、缩略语、具有修辞色彩语句中作为词素的数字必须使用汉字外，其他的均应当使用阿拉伯数字。如果表达计量或编号所需要用到的数字个数不多，汉字数字和阿拉伯数字均可使用。部队番号一般用汉字数字，代号一般用阿拉伯数字。

公文中的数字用法，可参照《出版物上数字用法》（GB/T 15835-2011）中的有关规定。

（三）职务、姓名的规范表达

（1）各种职务、姓名应使用全称。当某人担负多种职务时，只列出与文件内容有关的职务。

（2）列出某人的两个或两个以上职务时，国内的应按先党内、后党外，由大至小排序；国外的应尊重对方习惯或双方的需要。

（3）国外人士的姓名、职务，应以新华社公布的标准译名为准。如无标准译名，应注意在所有有关文件中使用同一译名，译名之后一般应用圆括号注明其外文名称。

（4）若干人物的姓名需同时并列出现在文件中时，应按一定标准排序。

（四）程度、范围的规范表达

1. 程度的规范表达

公文中表达程度的关键，是选用合适的副词、代词等。"很、极、太、最、更、更加、极其、非常、尤其、十分、过于、越发、特别、略微、稍微、比较、颇、多、多么、何等、大致"等副词，"这么、怎么、这样、如何、如此"等代词，均可用在被说明对象的前、后和中间，以表示这些对象所达到或所应达到的水平、限度。选用这些词语时，应注意与客观状况、客观需要相符合。

2. 范围的规范表达

在现代汉语中，表达范围是通过词语实现的。表示全部或部分的词语，分别为一些副词、数量词以及名量词的重叠形式。"所有、全部、凡是、完全、人人"等表示全部；"有些、若干、一些、部分、大多数、绝大多数、几乎全部"等表示部分。不能在一个语句中同时出现表示全部或部分的词语。前后句子中出现的表示范围的词语不能自相矛盾。

（五）语气表达

语气是表示陈述，疑问，祈使，感叹、反问等分别的语法范畴。公文中主要采用陈述语气和祈使语气，很少使用疑问语气、感叹语气。

1. 陈述语气

公文中的基本语气是平直而坚定不移的陈述语气，以有效地叙事说理。在特殊需要的情况下，可采用换词或变更句式等形式加重或缓和这种语气，以示强调或委婉。

2. 祈使语气

公文中常要表达一些主张，要求对方做某些事情或制止、禁绝对方做某些事情，这时的语气自然是祈使语气。根据这些主张性质的不同，具体神态有刚柔缓急之别。其中，表示命令、训诫的，语气强烈，神态严厉；表示请求、希望的，语气稍缓，神态也有劝慰、商洽、盼望、召唤等区别。上行文多用"请、恳请、拟请、特请、报请"。平行文多用"请、拟请、特请、务请、如蒙、即请、切盼"。下行文多用"希、望、尚望、切望、请、希予"。

三、标点符号规范

标点符号是辅助文字记录语言的符号，是书面语的有机组成部分，用来表示语句的停顿、语气以及标示某些成分（主要是词语）的特定性质和作用。标点符号是公文语言的重要组成部分，可以帮助我们分清句子结构，确切理解词语的性质和文章的意义。标点符号的使用，可参照《标点符号用法》（GB/T 15834–2011）中的有关规定。

在公文标题中使用标点符号时，需注意如下问题：根据《党政机关公文处理工作条例》的相关规定，在公文写作时，标题中一般不使用标点符号；如果确有必要，可以使用书名号、双引号、括号、间隔号和连接号。公文标题中除法规、规章名称加书名号外，一般不用标点符号。

公文标题中标点符号的用法，与一般论文标题相同。一是标题的末尾，一般不加标点符号；二是标题中一般不使用着重号、分号；三是标题内部除用书名号和引号外，尽量不用标点符号；四是独立成段的小标题，末尾无标点符号；小标题之后接着排印正文的，末尾有句号。

思考题一

一、简答题

1. 常用公文有哪些文种？各文种的用途是什么？

2. 常用公文文种使用中需要注意哪些问题？

3. 常用公文可从哪些角度进行分类？

4. 公文在语言运用上有哪些要求？

5. 公文在结构上有哪些要求？

6. 公文中对时间、数字、标点的表述有哪些规定？

二、分析题

1. 刘书在研究生学习期间因写作诗歌和散文而小有名气，曾在各种征文比赛中获奖，并经常在报刊上发表散文、诗歌作品。20××年到某政府机关工作后，他很高兴，认为在这一岗位上能发挥自己的文学才能。他也确实写出了辞藻华美、文采飞扬的公文，但领导看后，要求他从内容到形式进行反复修改。这样一来，最后的定稿已经完全没有了刘书的个人风格，刘书由此陷入了深深的苦恼中。如果你是刘书的同事，你会给他哪些工作建议？如果你是刘书，应如何提高自己的公文写作能力？

2. 有人说，对公文制作者来说，写好公文最基本的要求就是让本单位的领导满意。这种说法对吗？为什么？

3. 为了便于贯彻执行，公文的撰写应做到面面俱到。这种说法对吗？为什么？

4. 有人认为，文学作品的创作才讲究语言的表达艺术，公文的撰写则无此要求。这种说法对吗？为什么？

5. "决定"与"决议"有哪些区别？

6. 有人认为，急件是要求急办的文件，平件则是可以随意办理的文件。

这种说法是否正确？为什么？

7. 对于一份公文来说，内容才是最主要的，格式相对来说并没有那么重要。这种说法对吗？为什么？

第二章　指挥类常用公文写作

指挥类公文是指由上级机关制发的,用于颁发方针政策、法规规章,指导布置工作,阐明领导指导原则的公文。指挥类公文是上级机关下发给与其有直接隶属关系的下级机关的下行文,既是上级机关行使职权、实施管理的重要工具,也是下级机关开展工作的重要依据,对下级机关具有很强的规范作用和行政约束力。

因需下级机关理解并执行,指挥类公文一般要郑重庄严、完整准确地表达上级机关的立场和态度。句式上多用表示命令的祈使句,用词上常冠以"必须""坚决""凡是""不得"等强制性词语,以增强语势的权威性和严肃性。

指挥类常用公文文种有命令、决定、批复等。除了批复只主送对应的请示机关外,其他指挥类公文的主送机关可有多个。

第一节　命令的写作

命令适用于公布行政法规和规章、宣布施行重大强制性措施、批准授予和晋升衔级、嘉奖有关单位和人员。

一、命令的特点

（一）强制性

命令是公文中最具有权力象征的文种，一经发布，即带有法定效力，要求受文的下级机关必须无条件服从和执行，不可违背。

（二）严肃性

命令不能朝令夕改，否则会降低其权威性和严肃性。古人云："慎乃出令，令出惟行，弗为反。"强调慎重地发布命令，命令既出必须执行，不得更改。

二、命令的分类

根据内容和用途的不同，命令分为以下几种：

（一）公布令

指公布法规和规章的命令。

（二）指挥令

指宣布施行重大强制性措施的命令。

（三）任免令

指任免干部的命令。

（四）嘉奖令

指嘉奖有关单位和人员的命令。

三、命令主体的结构与写法

（一）命令主体的基本结构

命令主体的结构主要由标题、主送机关、正文、署名和成文日期等要素组成。

1. 标题

发文机关标识由发文机关全称加"命令"或"令"字组成，一般不使用发文机关规范化简称。命令的标题有三种构成形式：一是由发令机关名称、事由加文种构成；二是文种前面冠以发令机关全称或领导人职务构成；三是事由加文种构成。事由一般以简明、准确的文字概括出命令的中心内容。如《×××等任职》《组建××××》《××××（单位）嘉奖令》。

2. 主送机关

命令的主送机关，应根据实际情况选择。一般用机关全称、规范化简称或同类型机关统称。标注在标题下空一行位置，居左顶格，回行时仍顶格，最后一个机关名称后标全角冒号。发布范围广的命令（如条例、规章等），在正文前面一般不写主送机关，内部下发时，只在附注里注明发送范围。

3. 正文

命令的正文通常包括命令依据、命令事项和命令的执行要求三个部分。

（1）命令依据。是正文的起首语，主要写发布命令的原因、依据、目的、意义等。直接写明命令的依据是什么即可，不需要写获得依据的过程。

（2）命令事项。是命令的核心和主体，也就是要求受命者做些什么、怎么做、做到何种程度，等等。这部分内容复杂、层次较多，常常需要分条表达，以便眉目清楚。

（3）命令的执行要求。具体明确，切实可行，不可含糊其词。

命令的结构形式：一般而言，命令依据、命令事项和命令的执行要求分成三段来写。如果是内容简单的命令，则可分成两段甚至不分段。

4. 署名和成文日期

命令的署名为发文机关负责人职务，加盖其手写签名章。标注方法为：正文下空两行写明全称职务，空两个字加盖签名章（印章距版心右边缘4个字符）。

成文日期标注在印章下方，右空4个字符，统一使用阿拉伯数字。

（二）命令正文的写作技巧

不同类型的命令，其正文的结构和写法都有所不同。

1. 公布令正文的写法

公布令的正文主要包括两个方面的内容：

（1）颁布对象。指所颁布的法规、规章的名称。通常写全称。

（2）命令决定。是命令的实质性要求，紧跟在颁布对象与依据的后面。一般有"现予公布施行""现予颁布（公布、发布）"等。

有时，颁布令还要写明制定或修改法规、规章的依据，是由什么机关或什么会议在什么时间、依据什么制定、批准通过的。阐述批准机关或会议时，要用全称。颁布依据是颁布对象具备执行效力的保证，一般紧跟在颁布对象后面，中间不加标点符号，其后加逗号。

当颁布时间与执行时间不一致时，还需要写明新的法规、规章贯彻施行的日期及旧法规、规章作废的日期。有时，颁布令的"执行要求"部分还会提出希望性要求。

拟写颁布令时，行文要求态度严肃，结构严谨，文字简洁准确，语气坚决肯定，强化权威性。

【结构模板】

×××（单位）关于发布实施《×××××××规定》的命令

《×××××××规定》已经于 20×× 年 ×× 月 ×× 日 ×××××
会议审议通过，现予发布施行。

职务　　　（签名章）

20×× 年 ×× 月 ×× 日

【点评】

模板是典型的简明式公布令，由公布对象"《×××××××规定》"、
公布依据"已经于 20×× 年 ×× 月 ×× 日 ××××× 会议审议通过"和
命令决定"现予发布施行"三部分组成。实施日期并无特别说明，应从发文
日期开始执行。这篇公布令的公布范围较广，没有标注标题。

2. 指挥令正文的写法

指挥令正文通常由命令依据、命令事项、命令的执行要求三部分组成。

（1）命令依据。是施行重大强制性措施的原因、目的或依据。如为了什
么目的，针对什么情况，根据什么决定等。命令依据应简洁明确，以引起受
令者的高度重视。

（2）命令事项。要明确任务由哪个单位执行、达到的具体指标、执行的
起始时间、完成的时限等。命令的事项较多时，可分条列项写出。命令事项
要求内容陈述得当，条理清晰，语言简洁，用词准确，语气肯定，绝不能含

糊其词，模棱两可。

（3）命令的执行要求。主要说明执行的办法、措施，应遵循的指导思想、基本原则和注意事项等。撰写这部分内容时，应与命令依据和命令事项相互呼应；要有针对性，有号召力。

一般情况下，指挥令采用"三段式"结构法，命令依据、命令事项、命令的执行要求分成三段来写。有的指挥令则将命令事项与执行要求写在一起。

【结构模板】

××（单位）关于××××（措施）

×××、×××：

为××××××，根据《×××××》《××××××》有关规定，特发布如下命令：

一、……

二、……

三、……

职务　　（签名章）

20××年××月××日

【点评】

模板在阐述命令依据后，将命令事项和执行要求分条列项写出，条理清晰，结构严谨，要点突出。

3. 任免令正文的写法

任免令的正文相对简单，且高度程式化。一般由任免依据和任免决定两部分组成。

（1）任免依据。即决定任免的会议或机关名称。有时，任免依据可以省略。

（2）任免决定。即任免人员的姓名、原单位、职务和新任命的单位、职务或被免去的职务。有时，省略原单位、职务，只写新任命的单位、职务。同一职务或同一人职务变动时，要先写免，后写任。必要时，标注任免的生效日期；不标注生效日期的，以落款时间起算。

任免令要简短利落，不需作任何解释和说明。需要注意的是，任免一批干部时，一般按任免权限、被任免人员职务等级、被任免人员单位等，分别任免。当任职单位等级不明或高职低配时，应标明该单位等级和实际职务。

【结构模板】

×××等同志任免

×××、×××：

依照《×××××××》有关规定，兹任命：×××（人名）为×××（职务）；

任命×××（人名）为×××（单位）×××（职务）；

免去×××（人名）×××（职务）。

上述任免从20××年××月××日起生效。

职务　　（签名章）

20××年××月××日

【点评】

模板采用"三段式"结构，第一段写任免依据；第二段写任免决定，包括任免职的具体单位、职务和级别；第三段写任免职的起算时间。

4.嘉奖令正文的写法

嘉奖令比较庄重，发文单位级别较高，属于下行文。与其他类命令相比，嘉奖令篇幅略长，叙述较具体。嘉奖令正文通常由奖励缘由、奖励决定和希望号召三部分组成。

（1）奖励缘由。这是奖励的依据和基础，主要是介绍受表彰者的先进事迹，并给予恰当评价，指出其意义及影响。获得嘉奖的人和单位的事迹，应事实确凿，具有感染力。叙述先进事迹时要实事求是，客观真实；对先进事迹的评价更要恰如其分，切忌人为拔高。语言表述要准确，用词要精练。表彰多人或多个单位时，既可分别阐述每个人或每个单位的突出事迹，也可进行综合性表彰。阐述先进事迹的意义及影响，对先进事迹进行升华时，应使用准确凝练、鲜明生动的议论语言。

（2）奖励决定。一般由表彰目的、决定机关、授予单位或个人、荣誉称号四部分构成。常用"为了……，经××决定，授予×××（人名）'××××'（奖励名称）"等句式。

（3）提出希望，发出号召。既是表彰的影响，也是发文机关的行文目的所在。通常包括两方面的内容：一是希望受到表彰的先进集体和先进个人发扬成绩，不断进取，再创佳绩；二是号召大家向先进集体和先进个人学习。这部分内容既要与当时的形势背景结合起来，又要与本单位、本系统的中心任务以及受文单位和人员的现状结合起来。

【结构模板】
授予××××（单位）"×××××××"荣誉称号

×××……×××……×××……×××……×××……×××：
　　××××（单位），……（主要成绩）。为表彰先进，经×××××

决定，授予××××（单位）"×××××××"荣誉称号。

全体人员要努力向该（单位）学习，像他们那样，坚持不懈地用党的创新理论武装头脑，进一步强化政治意识、大局意识、核心意识、看齐意识，打牢听党的话、跟党走的思想根基，坚定维护权威、维护核心、维护和贯彻军委主席负责制……像他们那样，坚持谋创新、抓创新、敢创新，锐意改革，开拓进取，蹚出抓转型谋发展的新路子；像他们那样……

职务　　（签名章）

20××年××月××日

【点评】

这是一篇表彰先进集体的荣誉令。正文部分包括三个层次：第一层概述表彰对象的先进事迹，说明表彰的事实依据，分析其先进事迹的性质特征；第二层依次介绍了表彰目的、决定机关、授予对象、授予的荣誉称号。第三层连用数个"像他们那样……"的排比句式，提出希望与号召。在结构上，该荣誉令分为两段，第一段写奖励缘由和奖励决定；第二段写要求与号召。重点突出，逻辑清晰，层次分明。

四、命令写作的注意事项

命令（令）是所有公文中最具权威性和强制性的下行文种。一经发布，受令者必须绝对服从，没有讨价还价的余地，更不允许抵制和违反。

（一）按权限规定署名

命令一般以发令机关首长名义行文，也有以行政机关名义行文的。

（二）严肃认真，慎重行文

拟制命令时，必须严肃认真，不可草率马虎。同时，必须遵循党和国家的有关方针、政策等。

（三）内容准确，语言简练

命令的内容必须简洁明确，语气应坚定而严肃，结构应严谨而完整，风格应质朴而庄重，切忌空话连篇，模棱两可。

第二节　决定的写作

决定是适用于对重要事项作出决策和部署、奖惩有关单位和人员、变更或者撤销下级机关不适当的决定事项的公文，具有权威性、指导性、稳定性和长远性的特点。决定既可由领导机关在法定权限内直接做出，也可经会议表决通过后正式行文。

一、决定的特点

（一）重要性

通常情况下，只有那些事关全局、政策性强、任务艰巨、执行时间较长的重要工作，才适合使用"决定"行文；普通事项、一般行动，则可用"通知"行文。而那些作为纲领性文件的决定，都是具有历史价值的重要文献。

（二）权威性

决定多针对全局性、普遍性、倾向性问题做出决策，通常具有法规性或行动约束力。它提出的决断性意见，做出的具体安排，不经发文机关同意，受文单位不得随意修正或变通。

（三）稳定性

决定多针对那些事关全局、政策性强、任务艰巨、执行时间较长的重要工作，具有长期性、稳定性的特点。一般来说，决定的内容在没有修改和宣布作废之前，始终有效。那些已成为历史文献的决定，则具有重要的历史价值。

二、决定的分类

按照内容和具体用途的不同，可以把决定分为三类：

（一）部署指挥性决定

即对重要事项或者重大行动做出安排的决定。主要用于部署某一重要工作或安排某一重要活动，统一对某一方面或某类带有普遍性的重大问题的认识，解决具有特殊意义的重要事项。

（二）奖惩性决定

包括表彰性决定和惩处性决定两类。

（1）表彰性决定用于表彰奖励先进。

（2）惩处性决定用于对犯有严重错误的单位、人员或重大事故的责任者进行全面处理。既可以是处理决定，也可以是处分决定。

（三）变更撤销性决定

用于变更或者撤销下级机关不适当的决定事项。

三、决定的结构和写法

（一）决定的基本结构与写法

决定通常由标题、主送机关、正文、署名和成文日期等要素构成。

1. 标题

决定的标题一般有两种构成形式：

（1）"关于" + 事由 + "决定"。如《关于构建 ×××× 体系的决定》。

（2）正题 + 题注。正题同（1），题注为：日期 + ×× 会议通过。如《全国人民代表大会常务委员会关于授予在抗击新冠肺炎疫情斗争中做出杰出贡献的人士国家勋章和国家荣誉称号的决定》（2020 年 8 月 11 日第十三届全国人民代表大会常务委员会第二十一次会议通过）。

有的决定，通过的日期与发布的日期不一致，在题注里写明何时发布。有的决定，为了给下级机关执行决定留一段准备时间，在题注里写明决定的生效日期。

2. 主送机关

逐级向下行文的决定，需要写明主送机关；需要多级向下行文或者直接下达给人民群众的决定，可不写主送机关。

3. 正文

决定的正文通常包括决定的依据、决定的事项、希望和要求三个方面的内容。

（1）决定的依据。主要写明发布决定的背景、根据、目的或意义。上述内容既可全写，也可只写其中的一项。

（2）决定的事项。决定事项的写法，因决定种类的不同而有所不同。例如：用于指挥工作的决定，这部分要写明工作任务、措施、方案、要求等；用于表彰或惩戒的决定，这部分要写明表彰决定和奖励的等级，或处分决定和处罚的方法。决定事项如果内容比较单一，可采取一段式写法；如果内容较为复杂，则要用小标题或条款显示出层次来。一些重大决策的决定，由于内容丰富，涉及面广，政策性强，需要按照内容安排篇章结构。

（3）希望和要求。部署指挥性决定常在正文最后提出希望和号召，以及决定的执行要求。奖惩性决定只在正文最后提出希望和号召。变更撤销性决定则直接以变更或者撤销的下级机关的不适当的决定事项作为结尾。

4.署名和成文日期

会议决定的日期即会议通过或领导签发此项决定的日期，一般写在标题的正下方，并用圆括号括入。重大法规性的决定，还需注明通过该决定的机关、日期和生效日期，并用圆括号括入。文末不再注明。如果标题已有发文机关名称，落款处就不再写发文机关名称，只写决定的日期即可。

（二）不同类型决定正文的写作技巧

不同类型的决定，其正文的写法也有所不同。

1.部署指挥性决定正文的写法

此类决定涉及面广，内容重要，主要用于对重要事项或重大行动做出决策或安排。

（1）决定依据。阐述发布决定的背景、根据、目的或意义，以使下级机关领会决定的意图，便于贯彻执行。

（2）决定事项。即决定的主体部分，不同类型的决定在写法上有所区别，但从总体上看，大多是分条阐明将要采取的重大行动的指导方针、基本任务、政策措施等。

（3）执行要求。即对贯彻执行决定的要求或作出的必要补充说明。

【结构模板】

关于深入开展××××××活动的决定

×××、×××、×××、×××：

为贯彻落实……有关指示精神……（决定目的和依据），×××党委决定……（决定）。

一、……（决定事项，具体内容、具体措施及方法、步骤，等等）。

二、……（决定事项，具体内容、具体措施及方法、步骤，等等）。

三、……（决定事项，具体内容、具体措施及方法、步骤，等等）。

……（要求和号召）。

×××委员会
20××年××月××日

【点评】

模板的正文先是阐述了决定的根据、目的，语言简明扼要，以点带面。接着分别阐述了决定的具体内容、具体措施、方法、步骤等。最后紧扣决议事项，有针对性地提出了希望、号召和执行要求。

2. 奖惩性决定正文的写法

（1）决定的依据。表彰性决定需写明表彰对象的简历、先进事迹、突出贡献等。惩处性决定需写明惩处对象的简历、错误事实及其造成的后果。这部分所列举的事实和情节，必须查证核实，准确无误。

（2）表彰和惩处的决定事项。表彰性决定是在肯定表彰对象的成绩、贡献或者点明表彰目的和意义的基础上，引出表彰决定。惩处性决定是在分析错误原因、揭露错误事实及性质的基础上，引出惩处决定。

（3）结尾。提出要求与希望时，要紧扣决定事项，指明应该学习什么或以什么为戒。需要注意的是，单位内部的处分性决定一般不印发，只存档，可以不用发文字号和主送机关。若需警戒有关单位或人员时，一般写成"通报"。

【结构模板】

关于表彰××××××（事由）

先进个人和先进集体的决定

（20××年××月××日）

×××、×××、×××、×××：

……（事项背景介绍），……（先进共性表现）……（评价性质意义）。

为……（发文目的），经×××决定，授予×××等××名同志"××××××先进个人"称号；授予××××××等×个集体"××××××先进集体"称号。希望受到表彰的个人和集体珍惜荣誉、再接再厉，充分发挥模范带头作用，不断为党和人民事业做出新的更大贡献。

……（希望要求）。

附件：1.××××××先进个人名单

　　　2.××××××先进集体名单

【点评】

模板是奖励性决定的典型表述方式。决定的依据部分：先是陈述先进事迹的背景资料、重要意义，接着阐述表彰对象的成绩、贡献，为下文的决定事项做铺垫。决定的事项部分：先是点明表彰的目的，接着引出受表彰的单位和个人，并对其提出希望。决定的执行要求部分：既有很高的政治站位，又有鲜明的实践指向。

【结构模板】

关于给予×××党内警告处分的决定

×××、×××、×××：

×××同志……（个人简介及错误事实、性质、影响）。

×××同志作为一名干部党员，本应认清当前从严治党形势，自觉遵守党纪党规，却疏于自我学习，党性觉悟较差。在全党大抓反腐倡廉工作之际，公然顶风违纪，对单位全面建设造成严重影响。为严肃党纪，教育本人和他人，根据《中国共产党纪律处分条例》第二章第八条之规定，经党委研究，决定给×××同志党内警告处分一次。

×××

20××年××月××日

【点评】

模板是惩处性决定的典型表述方式。决定的依据部分：阐述被惩处人的简历、错误事实及其性质与影响。决定的事项部分：阐明依据《中国共产党纪律处分条例》的规定，给予被惩处人的处分决定。

3.变更撤销性决定正文的写法

变更撤销性决定的正文主要由变更或撤销缘由和变更或撤销决定两部分组成。被变更或撤销的对象如果是文件，则要引述文件名称、文号；如果是法律法规的条款，则要写清楚是第几条、第几款；如果是下级机关不适当的决定事项，则要提出改正意见或补救的方法、措施。需要注意的是，上级机关对于下级机关不适当的决定事项，通常都是直接指明，并让下级机关自行纠正。

【结构模板】

关于撤销 ×××× 的决定

×××：

　　×××党委于20××年××月××日××次党委会讨论通过的《××××的决定》，不符合××××××的规定，×××党委（上级）经讨论研究决定予以撤销。今后要加强……

×××

20××年××月××日

【点评】

　　撤销缘由为不符合上级相关规定。撤销事项明确，并对下级机关接下来的工作提出建议，具有较强的指导性。

四、写作注意事项

（一）准确把握政策

　　决定是对重要事项或重大行动作出决策或安排，并要求下级机关或有关单位贯彻执行的指令性公文。因此，决定的事项应当合法、合理、必要。

（二）事实材料真实客观

　　事实材料是引出决定事项的前提和基础，必须客观真实，必须经过查证核实。

（三）决定事项清晰明确

决定事项要求下级机关或有关单位贯彻执行，必须清晰明确。写作时，观点要鲜明，表述要准确，层次要分明。

（四）号召要求切合实际

应从受文单位的实际情况出发，提出针对性的要求、措施。换言之，决定的事项必须是受文单位能够切实做到的。

（五）结构严谨，议叙结合

决定的结构形式，大多采用条目式，也有采用段落式的。但无论采用哪种结构方式，都必须结构严谨，条理清晰。关于重大事项的决定，必须叙述清楚，议论严密，具有无可辩驳的逻辑力量，便于受文单位贯彻执行。

（六）准确凝练，清楚明白

决定具有很强的领导性、权威性，其写作要求内容严肃、事实准确、行文周密。决定中的观点须鲜明，文字须严谨精练、准确无歧义。有些决定事项甚至要经得起实践、人民、历史的检验。

第三节　批复的写作

批复是上级机关答复下级机关请示事项的答复性公文，具有权威性、针对性和指示性等特点。批复的写作以下级机关的请示为前提，批复事项必须紧扣请示的事项，有问有答，不能答非所问。拟制批复要迅速及时，不得超越本级权限的范围而擅自批复。

一、批复的特点

（一）针对性

批复的内容需针对请示事项予以明确答复，不涉及与请示内容无关的其他问题。批复只主送给申报请示的单位。批复若带有普遍指导意义，需要发送给有关单位，则用"抄送"形式。

（二）被动性

批复是根据下级机关报送的请示被动制发的领导指导性公文。先有上报的请示，后有下发的批复。

（三）约束性

批复提出的处理意见和办法，代表了上级机关对问题的决策意见，具有较强的约束力和权威性，下级机关必须遵照执行。

（四）鲜明性

批复的态度和观点必须十分明确。对于请求批准的请示，批复或者同意、批准，或者不同意、不批准；对于请求指示的请示，批复要给以明确的指示。

二、批复的分类

按照批复内容的性质，批复可分为同意性批复、否定性批复、部分同意部分否定的批复和解答性批复。

（一）同意性批复

对下级机关的请示事项表示同意的批复。

（二）否定性批复

对下级机关的请示事项持否定态度的批复。

（三）部分同意部分否定的批复

受政策和具体情况限制，对下级机关的请示事项不能完全同意的批复。

（四）解答性批复

上级机关针对下级机关对法律、政策、规定、措施等的询问请示所做的批复。

三、批复主体的结构与写法

（一）批复主体的基本结构

批复一般由标题、主送机关、正文、署名和成文日期等几个部分组成。

1. 标题

批复的标题有四种形式：

（1）"关于"＋事由＋"批复"。

（2）事由＋"批复"。

（3）"关于"＋"同意"＋事由＋"批复"。

（4）同意＋受文机关＋"关于"＋事由＋"批复"。

批复的标题中，一般不使用"不同意"字样。

2. 主送机关

批复的主送机关就是请示的发文机关。批复若带有普遍指导意义，需要发送给有关单位，则用"抄送"形式。

3. 正文

批复的正文部分主要由批复引语、批复事项和批复结语三部分组成。

（1）批复引语。主要说明制发批复的原因、根据。表达形式一般为：引述下级机关、请示标题和发文字号，后缀"收悉"。例如："你单位《关于×××的请示》（发文字号）收悉"。

（2）批复事项。即批复意见，针对请示事项明确表达，予以答复。一般用"经研究，现批复如下"引出批复意见。如"经×党委常委会议研究，现批复如下"。如不同意下级机关的请示事项，除表明态度外，还需要说明理由，及时作出相应的安排。如果请示涉及的内容和具体事项较多，需分条列项地写明批复意见。

（3）批复语。常用"特此批复""此复"等作为结语；也可直接以答复意见结尾。如果前文已有"现批复如下"之类的过渡语，最后便不再加结语。

4. **发文机关署名、日期**

批复的主送机关就是请示的发文机关。批复应讲究时效，及时作出答复，以免影响工作。

（二）不同类型批复正文的写作技巧

1. **同意性批复正文的写法**

（1）批复引语。写法同一般批复。

（2）批复事项。一般由同意意见＋理由（可略）＋实施要求组成。同意意见要写明同意的具体事项，不可笼统地写"同意你们的意见""同意你×请示事项"。一般而言，同意性批复多不阐述同意的理由。有的批复具有一定的普遍性，则需上级机关较为详细地写明批复态度，充分阐明理由。还有些批复可在同意的前提下，原则性地提出实施的希望或要求。

【结构模板】

关于 ×××× 的批复

×××：

　　你 ×《关于 ×××× 的请示》(××〔20××〕×× 号) 收悉。经研究（或"经党委会议研究决定"，根据具体情况选择使用），同意你 × 按预定计划……（具体事项内容）。工作中，要……（针对性要求）。

×××

20×× 年 ×× 月 ×× 日

【点评】

此模板的批复意见具体明确，直截了当。在表明同意意见后，提出了执行的原则和要求。因批复内容简单，采用篇段合一式的结构。

2. 否定性批复正文的写法

（1）批复引语。写法同一般批复。

（2）批复事项。一般由批复依据、否定理由、意见要求或提供其他解决办法（可略）几部分组成。否定性批复一定要写明否定的根据或理由，要以理服人，不可以权压人。"否定意见"最好置于"原因或依据"之后，否定的理由要精当。既然已经否定了下级的请示，就不应再长篇训斥。

【结构模板】

关于 ×××××××× 的批复

×××：

你 ×《关于 ×××××××× 的请示》（×× 〔20××〕 ×× 号）收悉。经研究，由于……不同意你们……你们可以采取……

特此批复。

×××
20×× 年 ×× 月 ×× 日

【点评】

此模板在表明否定态度之前，先阐述了否定的理由。批复的要求部分，提供了其他解决办法，体现了上级机关对下级机关的领导和指导作用。在结构上，采用篇段合一式的结构，行文简洁，层次清晰。

3. 部分同意部分否定批复正文的写法

（1）批复引语。写法同一般批复。

（2）批复事项。先说同意部分，后说不同意部分及其原因。在某些应明确态度的场合，使用"原则同意或基本同意"，会表现出上级机关的含糊态度，故应慎用。原则同意的批复，除表明原则同意这一态度外，一般还要把补充、修正意见及应加以强调的问题讲清楚。

对不同意的部分，要写清否定的理由，对有关问题和内容提出修改意见或补充处理办法。

【结构模板】

关于 ××××× 的批复

×××：

你 ×《关于 ××××× 的请示》（×× 〔20××〕13 号）收悉。经研究，基本同意你们的工作计划安排。

建议适当增加……内容，以利于……

望你们适当修改后执行，并抓好计划的落实工作。

×××

20×× 年 ×× 月 ×× 日

【点评】

此模板的态度为"基本同意"。批复事项部分，在表明"基本同意"的态度后，阐述了具体建议和希望达到的目的，并对具体工作提出原则性要求，体现出高度责任感。在结构上，采用三段式结构，将补充意见和执行要求分成两段进行书写，层次分明，重点突出。

4.解答性批复正文的写法

（1）批复引语。写法同一般批复。

（2）批复事项。即针对下级机关请示中询问的事项给予明确的解答。答复没有写明具体意见的求示性请示时，只需对请示问题作出解释，提出指导性意见即可。

对有关法律、政策、法规的解答性批复，只能由被授权或有权解释的单位制发，因此，答复语言应充分显示批复单位的权威性和专业性。本机关无权解释的，可逐级请示上级机关，或请教权威机构解答。

【结构模板】

关于 ××××××××××× 的批复

×××：

你×（单位）《关于 ×××××××××××× 的请示》（××〔20××〕×号）收悉。

对你单位关于 ××××××××××× 的询问，经转请 ××× 法律顾问处出具书面法律意见，现作如下答复：……

附件：《××× 法律顾问处关于 ××××××××××× 的法律意见书》

×××
20××年××月××日

【点评】

模板是答复询问的解答性批复。批复引语后，特别指明了请示请求解答的具体事项。因请示事项涉及的法律专业问题，批复机关无法给予准确解释，因此咨询了×××法律顾问处。这一做法，合乎解答性批复的办文程序。批复事项以相关法律规定和上级文件为依据，具有权威性。批复在紧扣请示事项给予明确答复后，即告结束。

结构上，采用两段式结构。批复引语单独成段，批复事项和答复意见合为一段。整篇批复层次清晰，重点突出。

四、批复写作的注意事项

（一）认真研究请示内容，明确答复

批复是针对请示写的，写作时，不仅要研究请示事项的可行性，还要研究请示事项是否符合近期的工作需要以及党的方针政策、国家的法律法令等。批复必须对下级机关所请示的事项逐一答复，既不能答非所问，也不能对某一请示事项避而不答或漏答，更不能超出请示事项范畴作部署、提要求。

（二）准确引述政策依据

批复是答复下级机关请求事项的回复性公文，它提出的处理意见和办法，代表上级机关对问题的决策意见，对下级机关具有行政约束力。因此，要根据有关方针、政策、法律、法规和实际情况作答。为了使批复的意见符合有关的方针政策与法律法规，批复中对"政策依据"的引述必须准确无误，还要写清楚引自哪个文件的第几条、第几款，做到有案可稽。

（三）希望和要求具体可行

希望和要求是批复中最具指导价值的内容，必须具有针对性和可操作性，切忌空洞浮泛。

（四）表述言简意赅

批复的篇幅一般都不长，批复的态度和观点必须十分明确，语言表达要严谨简练，庄重严肃，切忌漫无边际地夸夸其谈。

思考题二

1.命令有哪些类型？

2.命令的写作有哪些注意事项？

3.决定有哪些特点？哪些事项能用决定这一文种？

4.决定与命令在写作上有哪些区别？

5.批复有哪些特性？

6.写作否定性批复时，需注意哪些问题？

第三章　报请类公文写作

报请类公文是下级机关向上级机关汇报工作、反映情况、请示问题时所使用的公文，包括请示和报告两种类型。除答复报告外，报请类公文一般都是主动向上行文。报请类公文用于向上级机关汇报工作、反映情况、答复询问，请求上级机关指示、批准事项，语言要真切可信、恳切至诚。为督促各级领导干部认真履行职责，对行文负全责，报告、请示首页须注明签发人姓名和"签发"字样。报请类公文的主送机关只有一个，即有直接隶属关系的上级机关。

第一节　报告的写作

报告是陈述性公文，适用于向上级机关汇报工作、反映情况、回复上级机关的询问。上级机关可以通过报告，了解下级机关的工作进展、存在的问题等，以此作出决策；下级机关可以通过报告，汇报工作、反映情况，取得上级机关的支持和指导。

一、报告的特点

（一）汇报性

报告是下级向上级机关或业务主管部门汇报工作，让上级机关掌握基本情况，并及时对自己的工作进行指导。因此，汇报性是"报告"的最大特点。汇报工作时，要如实汇报本单位遵照上级指示，做了哪些工作、取得了哪些成绩、存在哪些不足等。反映情况时，要将时间、地点、人物、事件、原因、结果等叙述清楚，向上级机关提供真实准确的信息。

（二）陈述性

报告具有汇报性，是向上级讲述做了什么工作，工作是怎样做的，有什么情况、经验、体会，存在什么问题，今后有什么打算，等等。因此，其所表达的内容和使用的语言都是陈述性的。

（三）单向性

报告是下级机关向上级机关汇报工作、反映情况、提出建议时使用的单方向上行文，不需要上级机关给予批复。

（四）事后性

在机关工作中，有"事前请示，事后报告"的说法。请示要事先行文，不能先斩后奏或边斩边奏。多数报告都是在开展了一段时间的工作之后，或是在某种情况发生之后向上级作出的汇报。

（五）沟通性

报告虽不需批复，却是下级机关取得上级机关的支持和指导的桥梁；同时上级机关也可通过报告获得信息、了解下情。因此，报告是上级机关决策指导和协调工作的依据。

二、报告的分类

根据内容的不同，可将报告划分为如下类型：

（一）工作报告

工作报告用于向上级汇报工作进程，反映工作问题，总结工作经验教训，提出存在的问题和今后的打算等。根据性质的不同，工作报告又可分为综合报告和专题报告两种。综合报告用于反映一定阶段、一定范围的多方面工作情况，注重综合、全面。专题报告用于反映某一项专门工作或某一方面工作的情况，注重专一性。

需要指出的是，综合报告与专题报告的划分具有相对性。有时，部门的综合报告对全局而言，就成为专题报告了。

（二）情况报告

情况报告用于向上级反映情况，特别是反映调查了解到的重大情况、特殊情况、新情况，比较系统、全面地为上级机关和领导提供社情、民情等信息动态。

（三）答复报告

答复报告用于答复上级机关的查询、提问；按要求如期汇报执行上级机关某项指示、意见的结果。

（四）报送报告

报送报告用于向上级机关说明报送有关文件、材料或物品的情况。

三、报告主体的结构和写法

（一）报告主体的基本结构与写法

报告的主体部分由标题、主送机关、正文、发文机关署名和成文日期等要素组成。

1. 标题

报告的标题有三种形式：

（1）"关于" + 事由 + "报告"。

（2）事由 + "报告"。

（3）期限 + 事由 + "报告"。

拟定报告的标题时，需注意如下几个问题。一是"报告"和"请示"不能混用。由于对"报告"和"请示"的使用界限辨别不清，常出现这两种文种错用的情况，从而贻误工作。因此，在撰写公文前，必须根据行文的目的、内容，准确判断用"报告"还是用"请示"。二是标题中避免用词重复。如《关于呈报××××情况的报告》这一标题中，"呈报"和"报告"语义重复，标题应改为《关于××××情况的报告》。

2.主送机关

通常情况下，报告的主送机关只有一个，即直接上级机关。一般用上级机关全称或规范化简称。需要同时报送其他上级机关时，应用抄报、抄送形式。

3.正文

报告的正文一般包括报告缘由、报告事项和报告结语三个部分。

（1）报告缘由。又称前言、导语，就是简明扼要地讲清楚发文的背景、缘由或依据。这部分的最后，常用"现将情况报告如下""为此，提出如下意见"之类的过渡语，领起下文。

（2）报告事项。是报告的重点部分，不同类型的报告，在写法上有所不同。

（3）报告结语。通用的结语有"特此报告""专此报告"等。工作报告的结语，常用"以上报告，请审阅"；报送报告的结语，常用"请查收"。

4.发文机关署名和成文日期

（1）发文机关署名。发文机关为下级机关，主送机关为直接上级机关，一般不得越级行文。

（2）发文日期。报告具有一定的时效性，写作、制发都要及时，以便让上级机关及时了解相关情况。

（二）不同类型报告正文的写作技巧

1.工作报告正文的写法

（1）报告缘由。主要写明是什么工作报告、报告的目的、工作进展、对工作完成情况的评价。常见的写法有：概括介绍基本情况，简要交代背景、时间、地点、条件等的概述式；对工作的主要内容作提示性、概括性介绍的提示式；将有关情况进行对比，显示优劣、说明成绩的对比式；先明确提出结论，使人了解经验教训的核心所在，然后再引出下文的结论式；概述工作进程的进展式。

（2）报告事项。一般由成绩收获、经验体会、存在问题、今后打算四部分组成。

成绩收获。是工作报告的重点内容，应以具体事实与数据说明工作进展情况和取得的成绩，作为叙述经验体会的基础。综合性的工作报告因涉及问题较多、内容比较复杂、篇幅较长，常常按照工作性质，分成几个小问题加以叙述。专题性工作报告一般不单辟段落，介绍工作过程与成绩，而是以做法为线索列小标题，将工作过程和成绩融合在每一个做法之中。专题性工作报告的小标题有两种写法：一是纯效果型成绩。如"××××意识进一步增强""××××工作薄弱的状况有所克服"；二是将具体做法和取得的成绩、效果结合起来叙述，如"认真贯彻××××会议精神，进一步加强了××××的领导""着眼提高××质量，狠抓了××××秩序的建立"。

经验体会。主要叙述从工作实践中总结出来的规律性认识，对以后的工作具有指导意义。在写作时，常将经验体会概括成精粹的小标题，置于段首。如"坚持改革创新，是使××××工作充满活力的根本途径"。

存在问题。专题性工作报告可以略写或不写这部分内容。常见的写法有：一是先写问题，后写原因；二是写明原因，列出问题；三是只写问题，不写原因。

今后打算。针对存在的问题和不足，提出今后的努力方向和改善措施。今后的工作计划、下一步的工作目标，可以写得详细些。专题性工作报告、供交流或刊载的经验总结报告，可不写这部分内容。

（3）报告结语。结语多为表态性语言。有的再次点明和深化主题；有的谈对未来的展望；有的用"特此报告""特此报告，请审阅"等惯用语结束全文。

【结构模板】

<h2 style="text-align:center">20××年度工作报告</h2>

×××：

20××年，我×在××机关党委的有力指导下，通过大力弘扬×××××精神，不断强化××××××理念，坚持××××××的工作思路，……建设水平有了新的提升。

一、完成的主要工作

（一）……

（二）……

（三）……

二、主要经验做法

我×的主要经验和做法有：

（一）必须把……

（二）必须把……

（三）必须把……

（四）必须把……

三、存在的问题

我×深刻认识到，工作中仍存在如下问题与不足：

（一）……能力还有不足。主要是……

（二）……发展还不平衡。主要是……

四、下一年工作思路和打算

下一年是……之年，我×将重点做好如下工作：

（一）……

（二）……

（三）……

（四）……

附件：×××20××年度工作完成情况统计表

×××

20××年××月××日

【点评】

模板是一份综合性工作报告。开头主要概述了该年度工作的背景、工作方法和主要成效。主体由"完成的主要工作""主要经验做法""存在的问题""下一年工作思路和打算"四部分组成。其中，"完成的主要工作"是报告的重点内容，分门别类地汇报了一年来取得的主要成绩，并用事实和数据说话，具有很强的说服力；"主要经验做法"概括得深刻精辟，对其他单位具有一定的借鉴意义；"存在的问题"部分，既不夸大成绩，也不回避问题，切实把问题和不足查实找准；"下一年工作思路和打算"目标明确，措施得当，层次清晰。报告采用了省略结束语的自然结尾方式。在附件部分，列出该年度工作完成情况统计表，使报告内容更加详细完整。

2. 事故报告正文的写法

（1）报告缘由。简要概述重大事故或重要问题发生的时间及结果。叙述应直截了当，文字简练，以便让上级机关对事故、问题的基本情况有所了解。通常用"现将××情况报告如下"，过渡到主体部分。

撰写事故报告的开头时，需注意避免两个问题：一是先不交代事故的基本情况，而是先检讨或阐述事故发生的原因。例如："由于我们贯彻上级安全防事故工作的指示不力，对×××××管理不严，机关工作作风不深入，因而造成了……"这很容易让上级机关摸不着头脑；二是对事故后果（主要损失）写得过于琐碎。

（2）报告事项。通常分为基本情况、事故原因、事故处理、性质教训和今后打算五个部分，其中，基本情况、事故原因、性质教训是必备要件。

基本情况。概述事件、案件、事故、问题发生的时间、地点、经过、应急措施和结果。叙述要实事求是、简明扼要。事故经过要写清楚事故发生的过程，重点环节尤应细致、具体。

事故原因。是报告的重点部分。通常根据具体情况，采用"两先两后"的写作顺序，即先写主观原因，后写客观原因；先写领导机关的原因，后写当事者自身的原因。撰写事故原因时，应注意三个问题：一是实事求是，是谁的责任就写谁的责任，既不推卸责任，也不乱扣帽子；二是要突出主要原因、直接原因；三是不要过多地追究受害者的责任。

事故处理。即对事故的善后处理，包括已做出的处理措施和下一步的处理措施。

性质和教训。简要概括出事件、问题、事故的性质及危害，归纳总结经验教训，以便指导今后的工作。这一部分具有承上启下的作用。

整改防范措施。针对发生事故的原因，提出整改防范措施。需注意两个问题：一要分条逐项地写；二要避免与事故原因部分重复。

（3）报告结语。通常用"特此报告"作为结束语，也可自然结束全文。

【结构模板】
关于××××××伤人处理经过的报告

×××：

20××年××月××日上午，我×××在……（地点）发生了……的事故。现将有关情况报告如下：

20××年××月××日上午×时……（基本经过）。

造成这次事故的主要原因如下：一是……；二是……；三是……

此事故是一个深刻的教训，现已责成×××总结教训，并向全×发出了通报。×××（单位）决定……（处理意见）。具体情况待全部解决后，再作汇报。

特此报告。

$$× × ×$$

$$20× × 年 × × 月 × × 日$$

【点评】

模板是一份典型的问题报告。开头简要介绍了事故发生的时间、地点以及结果，然后用"现将有关情况报告如下"过渡到主体部分。主体部分包括三个方面的内容：一是按时间顺序，叙述了事故发生的时间、地点、涉及的人员、受伤者的情况以及本单位采取的措施；二是分析了造成事故的主客观原因，分条列点，客观全面；三是阐述了本单位对待事故的态度、对伤者的处理措施。整篇报告层次清晰，叙述简洁。

3. 答复报告正文的写法

答复报告正文的写法较为简单，上级机关询问什么，就有条理地回答什么。

4. 报送报告正文的写法

报送报告正文的写法比较简单，只要写明文件、资料的名称以及数量，常以"请审阅""请收阅""请查收"等作结。而报送的文件常以附件的形式出现。

【结构模板】

关于报送 20× × 年 × × × × × × × 工作总结的报告

× × ×：

现将我 ×20× × 年 × × × × × × × 工作的总结报上，请审阅。

附件：××20××年×××××××工作总结

×××

20××年××月××日

【点评】

模板是一份工作总结的报告，内容简单，首先注明报送文件的名称，其次以"请审阅"结束全文，最后以附件的形式呈现报送的文件。

机关各部门向首长报告工作或常委向其他常委反映情况的内部报告请阅件，正文的基本结构和写法与报告相似。

四、报告写作的注意事项

（一）立意高远，主题鲜明

一份报告，特别是工作报告的内容应是高度概括的，而不能写得过于详细；应有精辟的分析，而非仅仅罗列数据。因此，报告撰写者应在占有大量材料的基础上，抓住问题的要害和关键，提炼和概括出主旨，提出新颖的观点。

（二）内容翔实，准确无误

报告的内容应真实准确，不可弄虚作假。既不夸大成绩，也不隐瞒问题；统计数据准确翔实，分析客观全面；以便上级机关掌握真实的情况，作出正确的决策和指导。

（三）答复明确，有问必答

答复报告切忌答非所问，含糊其词，而应有问必答。

（四）突出重点，详略得当

当报告的内容较多时，不可面面俱到，而是突出重点内容。即使是综合报告，也要突出重点问题。应根据主旨表达的需要，选择理论材料和事实材料，合理安排篇章结构，做到突出重点、主次分明、条理清晰。

第二节　请示的写作

请示是有隶属关系的下级机关向上级机关就某项工作和问题请求给予指示或审核批准，要求上级机关答复时使用的期复性公文。适用于向上级机关请求指示、批准事项。凡是本机关无权、无力决定和解决的事项可以向上级请示，而上级则应及时回复。

一、请示的特点

（一）上行性

请示适用于向上级机关请求指示、批准事项，是上行文。请示不能用于同级机关或不相隶属机关之间，更不能下行。

（二）期复性

请示的目的是请求上级机关指示、批准，解决具体问题，期望上级机关作出明确批复。而上级机关在接到下级机关的请示后，必须及时研究答复。

（三）单一性

一份请示只涉及一个需要上级批准或答复的问题，只能写一个主送机关。不可一文数事，也不可多头主送。

（四）请求性

请示的目的是请求上级机关对某项工作、某一问题作出指示，对某事予以审核批准，具有强烈的请求性。

（五）简洁性

请示应一文一事并主送一个机关。请示的事项较多时，应分别请示，以便上级机关及时、有针对性地研究答复。请示缘由要简单明了，具有说服力；请示事项要具体明确，不易产生歧义。

（六）预先性

请示必须在事前行文，不允许"先斩后奏"或"边斩边奏"。问题解决后，就不宜再用"请示"了，而应用"报告"这一文种向上级机关汇报工作、反映情况。

二、请示的分类

根据请示事项的性质、请示的目的，可将请示分为三类：

（一）求准性请示

通常在办理超越本级权限或计划外的事宜，需要上级批准时使用，目的是征得上级的同意和许可，履行正式手续，作为行动的依据。如请求上级审核、批准人事任免、机构设置、计划、方案等。

（二）求助性请示

下级机关在工作中遇到新情况、新问题，或自身难以解决的困难时，请求上级机关解决或协调解决的请示。

（三）求示性请示

请求上级给予指示、裁决、答复的请示。一般用于下级机关对党和国家的有关路线、方针、政策和法律法令不够明确，请求上级机关作出明确解释和答复；或在工作中出现新情况、新问题，对于如何处理把握不准，需要上级机关给予明确的指示。

三、请示主体的结构和写法

（一）请示主体的基本结构与写法

请示的主体一般由标题、主送机关、正文、署名和成文日期等要素组成。

1.标题

请示的标题一般有两种构成形式：

（1）"关于" + 事由 + "请示"。

（2）"事由" + "请示"。

无论采用哪种标题形式，都要让人一目了然，做到"意明字简内容符"。同时，要避免两种情况：一是将文种写成"请示报告"；二是将"事由"写得含糊其词或笼统抽象。

2.主送机关

请示的主送机关一般只写一个，即负责执行公文的机关或者是处理公文的机关。受双重领导的机关向上级机关请示时，应根据请示的内容，确定负责答复的上级机关为主送机关，另一个则用抄送形式。

3.正文

请示的正文通常包括三部分的内容：

（1）请示缘由。即请示的依据、原因、出发点。请示缘由是请示事项能否成立的前提条件，也是上级机关批复的根据，其写得越充分、恰当，就越容易得到上级机关的理解和支持。

（2）请示事项。即向上级机关请求指示、批准的事项。一方面，应将请求上级批准什么事项、解决什么困难、答复什么疑问等，写得具体、明白；另一方面，应言简意赅、条项清楚，以便上级机关给予明确的批复。在阐述请示事项时，还可根据本单位的具体情况，提出解决和办理的意见，以供上级机关批复时参考。"意见建议"的内容如果较少，可篇段合一；如果较多，则须分条列项来写。

（3）请求语。即以简短的文字，概括请示的具体要求，再次点明请示目的。请示是上行文，语气要谦虚委婉、实事求是。依照请示事项的轻重缓急，常用"当否，请指示""以上意见，请予批示""以上请示妥否，请批复""以上请示如无不妥，请批准"等。不可使用"请速复""速调拨"等命令性语言。在格式方面，请求语应另起一行，空两格书写；"当否""可否"后应使用逗号；句末应使用句号，不可使用感叹号。

不同种类的请示，请示缘由和请示事项的写法有所不同，相关内容将在"不同类型请示正文的写作技巧"中分别予以详述。

4. 署名和成文日期

署发文机关全称或者规范化简称；不得以本机关名义向上级机关领导行文，不得以本机关领导名义向上级机关行文。成文日期在署名正下方适当位置标识，成文日期与署名之间不空行。

（二）不同类型请示正文的写作技巧

1. 求准性请示正文的写法

（1）请示缘由。通常以"阐释相关请示事项的意义、目的、根据和开展这一事项已具备的主客观条件"等为主要写作内容，着重突出开展某项工作的必要性、可行性。鉴于开展工作的客观条件是否成熟，是上级机关审批时最为关注的问题，故应突出强调"拟开展工作的客观条件已基本成熟"。所谓"客观条件"，主要包括三个方面的内容：一是政策依据；二是实际工作需要；三是准备工作已基本完成。

请示缘由是上级机关批准的依据，要求写得事实清楚、理由充足。其一，阐述问题应简明扼要、条理清晰。其二，请示审查计划、方案时，不需要陈述情况，简述根据即可。其三，叙事与说理应有机结合。

（2）请示事项。请示事项要详细，阐述说明道理要充分。提出的请示，要符合有关方针、政策，切实可行。需要上级机关审核、批准的事项，还可提出处理意见和倾向性意见，以供上级机关参考。需要上级机关审查的计划、方案，应以附件的形式呈现，在请示中提出请求意见即可。

【结构模板】

关于组织 ××××活动的请示

×××：

根据……精神，为……（活动目的），我 ×（单位）计划组织 ××××活动。拟做如下安排：

一、活动内容

……

二、参加人员

……

三、实施时间

……

四、实施地点

……

五、相关安排

（一）……

（二）……

（三）……

妥否，请批示。

×××

20××年××月××日

【点评】

模板是求准类请示。第一部分是请示缘由，阐述了请示的依据和目的。第二部分是请示事项，主要包括活动内容、参加人员、实施时间、实施地点和相关安排五个方面的内容，详细明确，虑事周详，从而为请示事项获得上级机关的批准提供了有力支撑。

2. 求助性请示正文的写法

（1）请示缘由。要紧紧围绕"依本单位的力量难以解决和克服，根据工作的需要又必须解决和克服"这一思路来写，重点突出"无力"二字，以显示出请示事项的合理性。

请示机关在阐述"实际情况"或"实际困难"时，需要注意以下几点：一要对实际情况进行确切的了解；二要阐明求助事项的必要性和紧迫性；三要强调自身的无力性；四要确保事实材料的真实准确。一般来说，请示缘由越充分合理，就越容易得到上级机关的批准。这就要求请示机关一方面从全局出发来考虑问题，另一方面要通过叙事陈理，引起上级机关的共鸣，做到以情感人。这里的"情"，是一种不张扬、不外露的"情"，切忌夸张渲染，不使用感情色彩过浓的词语。

（2）请示事项。请示事项必须具体明确。若是需要经费支持，需估算出具体金额；若是需要人才支持，需提出若干候选人；若是需要物质装备，需要提出具体数量。因此，"数字"是求助性请示的重要内容。比较简明易批的问题（如需要解决多少人员、物资、款项）或用几句话就可以说清楚的问题，可直接写到请示正文中。

【结构模板】

关于修建 ×× 围墙及道路的请示

×××：

我 ×× 围墙系自建土墙，因年久失修，已多处坍塌，严重影响安全；道路均为泥土路，一到雨雪天，道路泥泞不堪，无法通车。

近两年，我 ×× 发扬自力更生精神，已修补坍塌围墙约 90 米。由于缺乏资金，无法完成围墙和道路的全部修缮工程。为保证安全，改善环境，我×计划修建红砖围墙 365 米，铺筑柏油和水泥路面各 760 平方米。经核算，需经费 15 万元，恳请拨款解决。

当否，请批示。

附件：修建围墙、道路工程预算表

×××

20××年××月××日

【点评】

模板是一份求助类请示，请求上级机关解决经费问题。请示缘由部分，从"安全""交通""环境"三个方面入手，阐述了修建围墙、道路的必要性。请示事项部分，先是阐述了自身已经竭尽所能修补坍塌围墙约 90 米，但是由于缺乏资金，实在无法完成围墙和道路的全部修缮工程，强调"无力"，然后提出所需经费的具体数目，且在附件中，列出《修建围墙、道路工程预算表》，给上级机关答复提供依据。

3. 求示类请示正文的写法

求示类请示是请求指示、批示，以解决问题、解释疑难的。请示缘由和请示事项的写作，需区分不同情况。

一是对上级制定的方针、政策、法律、法令、法规、规章或某项指示有不同理解时，需引述条文，指明不理解之处。

二是对某项规定、制度、指示做出修订、补充时，需从实际出发，提出自己的意见和建议。

三是对某一问题的处理有不同意见时，应分述各种分歧意见，提出自己的倾向性意见，并说明理由，以供上级机关在批复时参考。

在"缘由"和"事项"之间，通常使用过渡语，使上下文的逻辑意义更加连贯。常用的过渡语有："有鉴于此，特作如下请示""为此，特请示如下""为了……，我们建议（请求）……"

【结构模板】

关于处理现有××××设备的请示

×××：

我××××设备储备已达×万元，……（具体情况）。依据设备改造计划，此类设备不宜继续储备。对于这些老旧设备，目前有三种处理方案：

一是……

二是……

三是……

我们的意见是，第三种方案较好。

以上意见妥否，请批示。

×××

20××年××月××日

【点评】

模板是一份求示类请示。请示缘由阐述了本单位储备设备的实际情况，请示事项部分，先是列出对不宜继续存储的老旧设备的三种处理意见，然后阐明本单位的倾向性意见。

呈批件是部队机关向首长请示汇报工作的一种特殊公文，其正文结构及写作要求，均与请示相似。

四、请示写作的注意事项

（一）理由充分合理，事项迫切可行

行文内容应符合党的路线方针政策、国家法律法规以及军队有关规定，完整准确体现发文机关的意图。请示缘由须写得客观、具体、合理、充分，强调请示事项的必要性、迫切性和可行性。

（二）阐述情况客观准确，所提措施切实可行

一份完整的请示中，情况和意见缺一不可。阐述情况须实事求是，切忌弄虚作假、夸张渲染。所提政策措施和办法应切实可行。

（三）语言简洁庄重，语气诚恳谦恭

请示的语言既要简明扼要，又要谦恭庄重。结尾通常使用"当否，请批示""特此请示，祈盼示复""以上请示，请予审批"等习惯用语，不可使用"要求""必须"等命令式语言。

五、请示与报告的写作区别

请示和报告虽然都是上行文，但由于二者的使用范围、行文时间、写作目的均有所不同，故在写法上必然存在差异。

（一）写作重点不同

"报告"是下级机关向上级机关汇报工作、反映情况和问题、提出建议

或意见、答复上级机关询问事项的报请性公文，写作重点在"事项"部分。"请示"是下级机关向上级机关请求指示、批准的公文，请示"缘由"是能否得到上级机关认可批准的关键，故是写作的重点。

（二）内容含量不同

"请示"的内容具体单一，通常一文一事。"报告"的内容庞杂，有情况性报告、建议性报告、专题性报告、综合性报告、总结性报告、工作性报告和文化调查报告，等等。

（三）语言表达不同

"请示"具有期复性、请求性，语言应简洁庄重，语气应诚恳谦恭。"报告"中所汇报的情况、反映的问题须客观实在、全面准确，语言应准确客观，平易直白。

思考题三

1. 请示与报告在写法上存在哪些区别？

2. 拟制报告之前，需要做好哪些准备工作？

3. 报告有哪些类型？

4. 报告写作的注意事项有哪些？

5. 请示有哪些类型？

6. 请示写作的注意事项有哪些？

7. 有人认为，请示的主送机关可有多个，以引起各有关领导机关重视，加快办理请示事项。这种说法对吗？为什么？

第四章　知照类公文写作

　　知照类公文是指各级党政机关或企事业单位向有关方面通知事项、通报情况、联系工作、公布要求时所使用的公文。文种包括通知、通报、通告、函和会议纪要。从行文关系上来说，知照类公文既可作为下行文下发，也可作为平行文发送。除函这一文种以外，无特别要求，无须下级机关反馈执行情况，也不要求平行机关回文。因为旨在让对方知晓，所以知照类公文的语言要明白晓畅，行文结构要自然紧凑，表达方式以叙述和说明为主。

第一节　通知的写作

　　通知是法定公文中使用频率最高的文种，适用于传达要求下级机关办理和需要有关单位周知或者执行事项，转发上级机关和不相隶属机关的公文，批转下级机关的公文。换言之，通知既可以传达上级机关或本级机关对于某项工作的有关规定、要求和注意事项，也可以传达上级指示，"颁发""印发""批转"或"转发"各级机关的重要文件，还可以告知诸如召开会议，变更某项规定、要求，调整某项任务指标等具体事项。

一、通知的特点

（一）功能的多样性

通知具有多种功能，可以用来布置工作、传达指示、晓谕事项、发布规章、批转和转发文件等。

（二）运用的广泛性

通知的发文机关，几乎不受级别的限制。

（三）事项的告知性

通知把需要知晓的事项告诉有关人员，具有很强的告知性。

（四）较强的时效性

通知的事项都是要求在一定时期内应知或应办的，具有较强的时效性。

二、通知的分类

通知是法定公文中使用频率最高、使用范围最广的公文。按照内容和功用的不同，可将通知分为以下四类：

（一）指示性通知

主要用来向下级机关传达领导或职能部门的指示、意见，阐述政策措施、部署工作，阐明工作活动的指导原则。

（二）批发性通知

主要用来印发本级机关，批转下级机关，转发上级机关、同级机关和不相隶属机关的公文以及发布某些行政法规等。这种通知带有政策性、指导性，主要用于对重要工作、重大问题阐明方针政策，提出工作原则。

（三）规定性通知

主要用来发布本级机关以及传达上级机关或转发同级机关、不相隶属机关的有关法规、法令、规章制度、具体要求等。

（四）事务性通知

主要用来处理一般性行政事务或其他事务性的工作，常见的有活动通知、会议通知、组织人员变动及调整通知等。

三、通知主体的结构与写法

（一）通知主体的基本结构与写法

通知主要由标题、主送机关、正文、署名和成文日期等部分组成。

1. **标题**

（1）"关于" + 事由 + "通知"。

（2）事由 + "通知"。

批发性通知的标题较为独特，写法如下：

（3）"关于" + "转发"（或"印发""批转"）+ 被转公文标题 + "通知"。

（4）"转发"（或"印发""批转"）+发文机关+"关于"+被转发公文事由+"通知"。

如果上级的文件到本单位时，已经经过了多层转发，可以直接转发初始发文单位文件，省略其他转发环节，被省略的转发环节应在正文中表述清楚，只保留"关于"；当被批转、被转发的公文是通知时，可以只保留"通知"字样。

2. 主送机关

通知的主送机关应当使用全称或者规范化简称和统称。当主送机关较多时，同级机关用顿号分开，不同级别、类别的机关用逗号分开。

3. 正文

正文通常由通知缘由、通知事项和执行要求三部分组成。

（1）通知缘由。即发文的依据和目的，主要写明为什么发通知。包括说明目的式、提出根据式、简述情况式、开门见山式等。

（2）通知事项。既是通知的主体部分，也是受文单位执行的主要依据，需有条理地表达所发布的指示、安排的工作、提出的方法、措施和步骤等。通知的类型不同，写法方式也有所不同。

（3）执行要求。发布指示、安排工作的通知，通常在结尾处提出贯彻执行的有关要求。常见的表述有："上述各项规定，希望各单位遵照执行（参照执行）。""以上通知，各单位应立即向所属人员传达到位，并切实遵照执行。"如果没有必要，也可以不写执行要求。

4. 发文机关署名、成文日期

通知由发文机关署名。以党委、纪委名义下发，署名党委、纪委；以本级名义下发，署名本级。成文日期的格式与其他法定公文相同。

（二）不同类型通知正文的写作技巧

1. 指示性通知正文的写法

（1）通知缘由。即制发通知的原因、理由、根据和目的。这是制发通知的出发点,其表述需清楚明确、简明扼要。写完缘由后,往往用过渡语将缘由和事项连接起来。常用的过渡语有"为此,特作如下通知""为此,×××(发文机关名称)决定开展……工作,现通知如下"。

(2)通知事项。一般采用并列式结构,分条列项写,可以列小标题;也可以每段第一句作为中心句,概括该项的内容。

(3)执行要求。常常用"坚决执行""严厉打击""加强""禁止""全面落实""认真贯彻落实"等,阐明具体要求。若在事项部分已经阐明过执行要求,这里可以省略。

指示性通知既要具有一定的理论高度,又要提出具体的步骤和要求,为收文机关提供行动指南。

【结构模板】
关于认真学习贯彻 ××××× 指示要求的通知

×××、×××:

为贯彻落实 ××××× 指示要求,……(意义),我 × 拟开展……活动,特通知如下:

一、×××××××××

……(阐明意义,提出要求)

二、×××××××××

……(阐明意义,提出要求)

三、×××××××××

……(阐明意义,提出要求)

×××

20×× 年 ×× 月 ×× 日

【点评】

模板在开头部分直接点明发布通知的目的；主体部分则分条列项地阐述活动的具体内容和要求，条理清晰，具有较强的指导性和可操作性。

2. 批发性通知正文的写法

批发性通知的正文一般由通知缘由、通知事项、执行要求三部分组成。各部分的写法如下：

（1）通知缘由。主要包括批发公文的意义和目的，被批发公文的原发文机关、标题和发文字号。常用表述是："为×××（目的主旨），经×××同意（授权依据），现将×××（原发文机关）《×××意见》、发文字号转发给你们，请结合实际认真贯彻执行。"需要注意的是，被批发公文的原发文机关、标题、发文字号均需标注清楚。

（2）通知事项。批转下级文件时，需指明被批发文件的重要性、影响和意义；被批发文件中阐述得不够充分的地方，需加以补充、说明、深化。也可以结合本单位实际，对上级的有关要求加以重申、强调，并作出适当的安排。

（3）执行要求。即贯彻执行文件的要求。需要注意的是，被批转的公文并不是正文的补充，而是正文的一部分，因此不能作为附件处理。

撰写批发性通知时，需注意避免以下两种错误。

第一种是不该说的说了。一是重复发文机关制发公文的根据、目的、背景、要求等，开篇应直接转发事宜。二是评论，上级机关安排部署的工作自有其必然性、必要性，转发机关不便也不宜加以评论。

第二种是该说的没有说。转发上级文件时，只是笼统地称："现将×××（原发文机关）《×××意见》、发文字号转发给你们，请结合实际认真贯彻执行。"而对如何紧密结合本单位实际认真贯彻落实，则付之阙如。

上级机关的公文，多是原则性、宏观指导性的内容，转发文件时，要着眼于本单位的实际情况，把原则性的内容具体化，把普遍性的要求个性化。

如被转发的文件属于规章制度类的东西，或者自身对某方面的工作规定得比较具体详细、操作性较强，转发时也可化实为虚，提出学习贯彻的原则性要求。

【结构模板】

关于印发《××××××规定》的通知

×××、×××：

现将《××××××规定》印发，本规定……（强调重要性，或针对本单位具体情况补充强调事项），望遵照执行。

×××

20××年××月××日

××××××规定

第一条……

第二条……

第三条……

……

第九条　本规定自20××年××月××日起施行。

【点评】

模板第一段简要阐述了印发文件的名称并提出希望与要求。第二段《××××××规定》是正文的必备要件，故全文展示。

【结构模板】

转发《关于×××改进领导作风的调查报告》的通知

×××、×××：

×××(单位)20××年组建以来，克服……困难，切实改进领导作风，扑下身子干实事，单位面貌发生了显著变化。现将××联合调查组《关于×××改进领导作风的调查报告》转发你们。×××在改进领导作风，狠抓工作落实方面，树立了榜样，提供了经验。各级要认真学习……（要求）。

×××
20××年××月××日

关于×××改进领导作风的调查报告
××联合调查组

略。

3.规定性通知正文的写法

规定性通知的写法与转发性通知基本相同，主要包括缘由、事项以及执行规章制度的具体要求、注意事项。规定的内容简单时，可直接写入通知的正文中。与转发性通知不同的是，规定性通知带有法规性质，用于领导机关、主管部门对某些工作加强管理，定出规范准则；或者为了禁止某些不良现象，采取行动措施。它要求下级机关必须执行，不可随意变更内容。

【结构模板】

<h2 style="text-align:center">关于加强×××管理工作的通知</h2>

×××、×××、×××、×××：

根据《××××××》《××××××》有关规定，为切实加强……结合我单位实际情况，提出如下要求，请认真贯彻执行。

一、……（要求）。

二、……（要求）。

三、……（要求）。

四、……（要求）。

×××

20××年××月××日

【点评】

模板开门见山地阐述了加强×××××管理工作的法规依据，接着以"为切实加强……请认真贯彻执行"作为过渡，引出需要下级机关共同执行的事项及具体要求。

4.事务性通知正文的写法

事务性通知用于上级机关对下级机关就某一具体事项（如召开会议、统计数字、分配物品）布置工作，交代任务；同级机关及不相隶属的单位之间就某一项具体工作的进行或某一具体问题的解决要求对方配合、协助办理等。

事务性通知一般由标题（发文机关+事由+通知）、主送机关、正文、发文机关署名和成文日期组成。下面，以活动通知为例，阐述事务性通知的通常写法。

【结构模板】

关于开展×××活动的通知

×××、×××、×××：

为深入学习贯彻……指示，根据年度工作安排，现将×××活动有关事项通知如下：

一、目的意义

……

二、时间安排

20××年×月至×月。

三、活动内容

（一）……

（二）……

（三）……

四、相关要求

（一）……

（二）……

（三）……

×××

20××年××月××日

【点评】

模板的正文包括四个部分，第一部分阐述开展活动的目的和意义；第二部分介绍活动的时间安排；第三部分介绍活动的具体内容；第四部分阐述活动的相关要求。条理清晰，主次分明。

四、通知写作的注意事项

（一）条理清晰，层次分明

通知的内容通常是需要受文对象知晓、执行或办理的事项，撰写时应条理清晰，层次分明。

（二）事项明确，重点突出

制发通知的目的是为了回答和解决一些实际问题，因此，撰写通知时，一定要从实际出发，把通知的事项写得明确具体、切实可行，便于受文单位理解和执行。

（三）语言准确，行文简洁

通知的语言表达以叙述为主，措辞应准确得体，表达应清晰明了。需要下级机关执行的事项，应根据情况分别写明"请遵照执行""请参照执行""请研究执行""请认真贯彻执行""请紧密结合本地本单位的实际，认真贯彻执行"等。

第二节　通报的写作

通报是一种告知性公文，适用于表彰先进、批评错误、传达重要精神和告知重要情况。通报的作用在于沟通消息，互通情报，使有关单位和组织了解工作的进程，树立全局思想，安排自己的工作；或使其学习他地、他人的经验，见贤思齐，推动自己的工作；或使其记取他地、他人的教训，引以为戒，警惕类似问题的发生。

一、通报的特点

（一）真实性

真实是通报的生命。通报的任何情况、事实，都必须是真实的，不能有差错，更不能编造假情况。因此，撰写通报前，必须对正反两方面的事实都认真核实，做到准确无误。

（二）时效性

通报的行文一定要及时，及时发现好的苗头或不良倾向，第一时间制发通报，对其进行表彰或批评，以指导当前的工作。

（三）告知性

通报属于告知性公文，其主要作用在于沟通消息，互通情报。

（四）典型性

通报的内容必须典型，要有一定的教育意义和指导意义。不可凡事都发通报，而是选择有典型意义的、体现时代特征的、对某项工作具有普遍指导意义的事件进行通报。

（五）针对性

表彰性通报用于表扬好人好事，提倡学习先进，要让人们从中感受到榜样的力量，达到学习宣传教育之目的；批评性通报用于对工作中出现的影响较大的错误事件、错误做法，在一定范围内进行通报批评，以此告诫和教育人们吸取教训，引以为戒；传达性通报用于传达上级重要精神与重要情况，引起人们的警觉与注意，对当前的工作起指导作用。

（六）兼有平行文功能

通报一般是上级单位向下级单位发布，但有时也用于向同级单位或不相隶属单位甚至是上级单位（用抄报的形式）传达某一重要事项或信息。

二、通报的分类

根据用途和内容的不同，可将通报分为传达性通报、表彰性通报、批评性通报三类。

（一）传达性通报

传达性通报又称"情况性通报"，主要用于传达重要精神或者情况，使受文单位了解全局，交流情况，正视问题，以达到推动工作的目的。

（二）表彰性通报

表彰性通报就是表彰先进个人或先进单位的通报。通常是先简要介绍人物或单位的先进事迹，点明实质，提出希望、要求，然后发出学习的号召。

（三）批评性通报

批评性通报就是批评典型人物或单位的错误行为、不良倾向、丑恶现象和违章事故等的通报。通过摆情况、找根源、阐明处理决定，使人们从中吸取教训，以免重蹈覆辙。

三、通报主体的结构与写法

（一）通报的基本结构

通报的结构一般由标题、成文日期、主送机关、正文、印发传达范围、发文机关署名和印章组成。

1. 标题

（1）"关于" + 事由 + "通报"。

（2）事由 + "通报"。

2. 主送机关

通报的主送机关通常为所有下属机关单位和需要了解通报内容或者引以为戒的不相隶属的机关单位。其主送机关应当使用全称、规范化简称、统称，并按照单位排序编排。

3. 正文

通报的正文一般由三部分组成：基本事实概述、事实评析、希望和要求。

（1）基本事实概述。事实或情况的叙述和分析是通报正文的核心和灵魂。因此，撰写者须真实全面、简明扼要地叙述情况，交代清楚事情发生的时间、地点、涉及的人物以及事件的起因、经过和结果。

（2）事实评析。对通报的事实或情况进行分析、评论，或肯定成绩，概括经验；或指出事件的性质及其危害，提出处理结果；或阐明情况的性质和意义。

（3）希望和要求。或号召大家向先进学习，或提出防止同类事件再次发生的具体方法和措施，或提出指导性或参考性的意见和建议。

4. 署名与日期

署名应写发出通报的单位名称。日期一般以通报形成时间为准，要写明具体的年、月、日。

（二）不同类型通报正文的写作技巧

1. 传达性通报正文的写法

传达性通报主要用以传达重要精神或者情况，使受文单位了解全局，交流情况，正视问题，以达到推动工作的目的。

（1）情况概述。一般无须长篇大论，主要是概述一下通报的内容，或叙述一下总的情况，简要写明做法或特点，取得的主要成绩，作出一个总的评价。需注意三点：一是事项要概括；二是语言要简洁明了；三是评价要中肯。

（2）通报事项。通报以叙述事实为主，事实是通报的核心部分。在叙述时，一定要准确无误，对于事件发生的时间、地点、人物及事件的起因、经过、结果都须阐述清楚。一般是先总叙后分叙，总叙主要把面上的情况说清楚，有时可通过局部情况叙述来反映面上情况，但前面要加限制词，如"大多数单位""有的单位"等。为了增强说服力，在总叙以后，选取典型事例加以印证。

（3）情况分析。对通报的事实或情况进行分析、评论，使受文单位认识到形势或问题的利与弊、意义或严重性。如情况概述部分已经做过分析，这里可以省略。

（4）打算或要求。"今后的打算"是机关对于今后工作的安排；"今后的要求"则是机关对于主送单位的要求；二者不能同时出现在同一份传达性通报中。具体选择哪一种，应视情况而定。

【结构模板】

××××××情况通报

×××、×××：

……（概述通报事项的基本情况），现将有关情况通报如下：

一、基本情况

……

二、主要特点

（一）……

（二）……

（三）……

三、存在问题

（一）……

（二）……

（三）……

四、原因分析

（一）……

（二）……

（三）……

五、下一步措施

（一）……

（二）……

（三）……

附件：1.××××××

2.××××××

3.××××××

×××

20××年××月××日

【点评】

模板开头简明扼要地概述了通报事项的基本情况，然后以"现将有关情况通报如下"作为过渡，引出主体部分。主体部分包括五个部分：基本情况、主要特点、存在问题、原因分析、下一步措施。结尾部分对下一步工作提出了具体要求。

2. 表彰性通报正文的写法

表彰性通报就是表彰先进个人或先进单位的通报，其目的在于宣扬和推广先进事迹和典型经验，加强对工作的引导和指导。其正文通常由表彰缘由、事实分析、表彰决定、希望和号召四部分组成。

（1）表彰缘由。表彰缘由是"表彰决定"乃至整个表彰通报的依据，是正文写作的重心。其主要包括陈述先进事迹和介绍表彰对象两方面的内容。表彰对象是集体的，应着重概括共性的事实。需要注意的是，无论是表彰对象的介绍，还是事迹陈述的详略，都要按照通报的主题来确定。如表彰某人勇斗歹徒，就要详细陈述其勇斗歹徒的经过。

（2）事实分析。或指出其典型意义，或概括其主要经验，为表彰决定做好铺垫。分析评价是最具说服力、感染力的一个环节，要抓住本质，据事说理，紧密结合先进事迹本身进行评价，重点突出先进人物的思想品质和精神境界，切忌空泛浮夸、千篇一律。

（3）表彰决定。按照有关规定和要求，对表彰对象给予表彰与奖励。奖励的等次必须与先进事迹和评价相一致，既不能过高也不应过低。当表彰和奖励的事项较多时，可采用分条列项的写法。

（4）希望和号召。其是"表彰决定"的进一步引申，也是表彰性通报不可或缺的一项内容。事实上，表彰性通报的根本目的就在于通过表彰先进个人或单位，来号召其他个人或单位见贤思齐，从而推动全局工作的进步。因此，须写明号召与希望的对象、范围及具体要求，并结合前文内容，发掘先进的典型意义和时代精神，凸显出表彰的针对性。

【结构模板】

表彰××××先进单位和个人的通报

×××、×××：

20××年上半年，在××××工作中，涌现出一大批先进单位和先进个人。为表彰先进，经研究决定，现通报表彰如下：

一、××××先进单位

……（单位名称）

……（单位名称）

二、××××先进个人

单位+姓名

单位+姓名

单位+姓名

……

上述单位和个人……具有普遍的指导意义。

希望以上受到通报表彰的先进单位和个人……。各单位要以他们为榜样……

×××

20××年××月××日

【点评】

模板分为三个层次：第一层次对20××年上半年的工作进行了总体概

括；第二层次列举出被表彰的单位及个人；第三层次提出希望和要求，希望受到表彰的先进集体和个人谦虚谨慎，奋发进取；要求其他单位向表彰对象学习。

3. 批评性通报正文的写法

批评性通报就是批评典型人物或单位的错误行为、不良倾向、丑恶现象和违章事故等的通报。根据其反映的内容，可分为事故通报和批评反面典型人物或事件的通报。其正文一般包括事故或事件介绍，发生原因、处理意见及防范同类事故发生的措施和要求三个部分。

（1）事故或事件介绍。阐述事故或事件发生的时间、地点、大致经过和结果。需要注意的是，应根据当时的形势和单位建设的需要，选择具有典型教育意义，能起到警示教育作用的反面典型人物或事件。

（2）发生原因、处理意见。批评性通报的目的在于要求相关单位和个人从被通报的事件中吸取教训，以防类似事件再次发生。因此，陈述事实之后，应对事故或问题发生的原因、性质、危害、事故责任划分及处理意见等做出切实中肯的分析和评价，使人们从中吸取教训，达到以典型事例进行普遍教育，警惕类似事件再次发生的目的。需要注意的是，批评性通报常涉及具体单位、人员，一经下发，影响面大。因此，要以高度负责的精神，对事故或问题做出切实中肯的分析和评价，既不可主观臆断，更不能随便上纲上线。

（3）防范同类事故发生的措施和要求。这是集中体现通报意旨的一个部分，目的在于提醒受文者高度重视，吸取教训，避免在今后的工作中出现类似原因造成的事故。通报的"要求"往往是一些原则性的指导意见和警告，概括地提出即可，无须具体详尽地说明，但也不宜过于笼统。

"陈述事实"是通报的基础，"分析评价"是做出"处理决定"的依据，"希望要求"则是通报的目的。这几部分环环紧扣，层层推进，不仅在表达形式上给人以清晰的"层次感"，而且在表达内容上显示出合理适度的"分寸感"。

就写作方法而言，批评性通报和表彰性通报都强调以事明理，文字简练。需要强调的是，通报事实的陈述不宜过简，"简"应以"明"为前提、为尺度。"明"指"明确"，即明确记叙的六要素（时间、地点、人物、事件的起因、经过、结果）以及一些相关数据。"简"而不"明"不仅无法让受文者对所通报的事实形成一个完整的印象，而且无法让受文者做出准确的判断。

批评性通报的写作，应强调八个要素：格式要规范，逻辑要清晰；事例要典型，叙事要简明；定性要准确，处理要恰当；要求要明确，用语要坚定。如前所述，批评性通报常涉及具体单位、人员，一经下发，影响面大，关系到有关单位、个人的声誉和前途。因此，要以高度负责的精神，对事实做出准确无误的定性分析。对受文者提出的要求与希望，是集中体现通报意旨的一个部分，须抓住要点，切实可行，简练明白。

【结构模板】

关于 ×××××× 情况的通报

×××：

为……，×× 月 ×× 日 ×××× 对 ×××××× 工作进行了检查。现将有关情况通报如下：

一、情况通报

……

二、原因分析

……

三、相关要求

为了防范同类事故的发生，特提出如下要求：

（一）……

（二）……

（三）……

×××

20××年××月××日

【点评】

　　模板的开头部分概述了检查的目的、时间和内容，并以"现将有关情况通报如下"作为过渡，引出主体部分。主体部分先是阐述了检查的具体情况，接着分析了出现问题的原因，最后提出了杜绝类似问题再次发生的相关要求。

四、通报写作的注意事项

（一）真实可靠

　　通报常涉及具体单位、人员，一经下发，影响面大，关系到有关单位、个人的声誉和前途。因此，要以高度负责的精神，对于所通报的事实，不论是批评还是表扬，都要认真核对，如实反映，既不夸大成绩，也不回避问题。

（二）评述中肯

　　无论是哪一种通报，都要对于所通报的事件或事故进行实质性的分析、评价，指出其先进性或者错误的性质，对涉及的单位、人员作出切实中肯的评价。

（三）以理服人

　　通报的写作必须选用经得起推敲的典型事实和具体数据来表现发文机关的观点，侧重于事实的陈述与分析评价，而且要据事说理，以理服人。

（四）文实相符

通报的正文一般篇幅较长，多采用叙述、说明、议论相结合的表达方式。通报的语言应简洁、庄重，其中，表扬性通报和批评性通报还应注意用语分寸，力求文实相符，不讲空话、套话，更不讲过头的话。其提出的希望和要求应切合实际，具有针对性。

第三节　通告的写作

通告属于公布性公文，适用于在一定范围内公布应当遵守或者周知的事项。

一、通告的特点

（一）受文主体的广泛性

通告适用于向所辖境内或者某一专门范围内所有人（包括当地居民、流动人口、外国人等）公布重要事项，或者规定应当遵守的事项，其告知范围和适用范围都很广泛。

（二）行文目的的告知性

通告的内容要求在一定范围内的人群或特定的人群普遍知晓，以使他们了解有关政策法令，遵守某些规定事项。

（三）行文内容的权威性

通告的内容是"在一定范围内应当遵守或周知的事项"，具有鲜明的权威性、执行性、知照性。

（四）行文发布的公开性

通告可以通过新闻媒体发布，可以用红头文件的形式下发，也可以只在一定范围内张贴公布。

（五）行文语言的通俗性

为了便于受文主体的理解执行，通告的用词和表述都应当简洁明了、通俗易懂。

二、通告的分类

按照法规性的强弱不同，通告可以分为法规性通告和知照性通告两大类。

（一）法规性通告

法规性通告是在一定范围内公布带有强制性的行政措施，要求有关单位和人员严格遵守的通告，具有较强的强制力。其多由政府机关或者机关单位领导机构发布。

（二）知照性通告

知照性通告主要用于向一定范围内的机关单位、社会团体及人民群众公布需要周知或需要办理的事项。政府机关、社会团体、企事业单位均可使用，约束力较小，文中不提直接的执行要求。

三、通告主体的结构和写法

（一）通告主体的基本结构与写法

通告一般由标题、主送机关、正文、署名和成文日期等部分组成。

1. 标题

通告的标题有四种基本形式：

（1）发文机关＋事由＋"通告"。这是最常见的一种形式，完整地表达了"谁""为什么"发出"通告"，体现出通告的严肃性和权威性。

（2）事由＋"通告"。

（3）发文机关＋"通告"。

（4）"通告"。

2. 主送机关

通告属于公布性公文，面向社会广泛告知，通常不标注主送机关。

3. 正文

通告的正文一般由通告缘由、通告事项、结尾三部分组成。

（1）通告缘由。简明扼要地阐述通告的背景、根据、目的、意义。常用"特通告如下""特作如下通告"等作为过渡，引出通告的事项。

（2）通告事项。这是通告的核心部分，包括周知事项和执行要求。通告所规定的事项，必须以党的路线、方针、政策、决议和国家的法律法规为依据。通告的内容如果比较单一，可采取一段式写法；如果较为复杂，则采用分条列项的写法，以做到条理分明，层次清晰。

（3）结尾。可直接以"特此通告""此告"等收束全文；可以提出执行要求或号召（如"以上各点，望遵照执行"）；可以指出执行时间（如"本通告自公布之日起执行"本通告自发布之日起实施"等）；可以提出奖惩要求（如"对……有功单位和人员，给予表扬、奖励"等）。

4. 署名和成文日期

通告具有一定的权威性、较强的时效性，因此，在落款处需有发文机关署名、成文日期和印章。

如是多个部门联合发布通告，一般将各发文机关署名按照发文机关顺序整齐排列在相应位置，并分别加盖印章。通告的成文日期，须写全年、月、日。

（二）不同类型通告正文的写作技巧

1. 法规性通告正文的写法

（1）通告缘由。法规性通告用于在一定范围内公布带有强制性的行政措施，并要求有关单位和人员严格遵守，必须写明发布通告的法律、法规依据。

（2）通告事项。法规性通告的"事项"较为复杂，但不管是做出指示、布置工作还是安排活动，对做什么、怎么做、做到什么程度、有什么要求等，都应当具体明确、简明扼要，以便让受文者把握要领、贯彻执行。与此同时，法规性通告还详细规定了对于违规行为的处罚措施。

（3）结尾。通常写执行通告的注意事项和要求。如果在事项部分已经阐述过注意事项和要求，则采用"本通告自发布之日起实施""特此通告"等模式化结语。

【结构模板】

关于加强 ×××× 管理工作的通告

为……（目的），根据《××××××××》规定（相关法律法规），现将有关事项通告如下：

一、……

二、……

三、……

四、……

特此通告。

×××

20××年××月××日

【点评】

模板先是简述了发布通告的目的和法律依据，然后用"现将有关事项通告如下"作为过渡，引出通告事项。通告事项部分采用分条列项的写法，详细阐明了受文对象应执行的具体事项和要求、对于违规行为的处罚措施。最后以"特此通告"结束全文。

2.知照性通告正文的写法

（1）通告缘由。知照性通告用于在一定范围内公布需要各有关方面周知或者办理的具体事项，一般不带有强制性。因此，无须像法规性通告那样，必须在通告缘由部分写明发布通告的法律、法规、政策依据，只需简述发布通告的目的和意义即可。

（2）通告事项。知照性通告用于在一定范围内公布需要各有关方面周知或者办理的具体事项，大都具有专业性和单一性。其虽不具有法规性质，但也具有一定的约束力。

（3）结尾。知照性通告不提出具有约束性的执行要求，只在结尾部分写明执行日期、要求或希望即可。

【结构模板】

关于 ××××的通告

经上级批准，我 ×（单位）定于20××年 ×月 ×日至20××年××月××日举办……（活动的内容与要求）。

特此通告。

×××

20××年××月××日

【点评】

模板的内容单一，故采用一段式写法，先简述发布通告的目的，再写具体事项和要求。

四、通告写作的注意事项

（一）政策性强

通告所公布的事项具有较强的制约性和约束力，也体现出较为明显的法令性和政策性，并要求一定范围内的单位、部门和人员遵照执行。因此，写作时必须以党的路线、方针、政策、决议和国家的法律法规为依据。

（二）内容应具体准确

通告的事项大多采用分条列项的写法，各条款的内涵不要重叠，外延要避免交叉，切忌重复或疏漏。与此同时，还要严格遵守保密规定和保密纪律。

（三）表达应通俗

通告所公布的事项是面向社会大众的，应简洁明了，叙述清楚，通俗易懂，便于理解和执行。因此，通告的语言要通俗易懂，不能使用不容易理解的专门术语或冷僻的词汇。同时，语气要庄重严肃、坚决肯定，具有威慑力。

第四节　函的写作

函适用于不相隶属机关之间商洽工作、询问和答复问题，请求批准和答复审批事项。按照内容和性质，函大体可分为商洽函、问答函、批答函三种。

一、函的特点

（一）沟通性

函是一种平行文，主要用于不相隶属机关之间互相商洽工作、询问和答复问题，充分体现出双方平等沟通的关系。

（二）广泛性

函作为公文中唯一的一种平行文种，其适用的范围相当广泛。它既可以用于向有关主管部门请求批准事项，向上级机关询问具体事项，还可以用于上级机关答复下级机关的询问或请求批准事项。

（三）单一性

函一般较为短小，内容单一，一份函只宜写一件事项。

二、函的分类

按照不同的标准，函可以分成不同的种类：

1. 按照行文方向

（1）发函：发文单位主动发出的函。

（2）复函：受文单位答复不相隶属机关询问和交办事项的函。

2. 按照内容和作用

（1）商洽函：多用于平行机关之间或其他无隶属关系的机关之间商调人员、联系参观学习、洽谈业务等。

（2）询问函：主要用于不相隶属的机关之间询问事项。

（3）答复函：答复函为被动性公文，必须针对来函所询问的问题予以答复。主要用于对商洽函、询问函的回复。

（4）征求意见函：主要用于平级机关、不相隶属机关之间或者上级向下级征询意见。

（5）告知函：将某一事项、活动函告对方或邀请对方参加会议、活动等。其作用和内容与通知类似，但是由于双方不是上下级和业务指导关系，不宜使用"通知"，故使用"函"。

三、函的结构与写法

（一）函的基本结构与写法

函的结构一般包括标题、主送机关、正文和落款四个部分。

1.标题

（1）"关于" + 事由 + "函"。

（2）事由 + "函"。

（3）"复" + 受文单位 + 事由 + "函"。

2.正文

（1）发函缘由。通常先简述发函的目的、根据、原因等，然后以"现将有关问题说明如下""现将有关事项函复如下"等过渡语，转入致函事项。

（2）致函事项。这是函的核心内容。函通常为一函一事，事项相对单一，可以直陈其事。无论是洽谈工作，询问和答复问题，还是向有关主管部门请求批准事项等，都应用简洁得体的语言把需要告诉对方的问题、意见叙写清楚。复函时，须注意行文的针对性，答复的明确性。

（3）希望或要求。一般用礼貌性语言向对方提出希望。或请对方协助解决某一问题，或请对方及时复函，或请对方提出意见，或请主管部门批准等。

（二）不同类型函的写作技巧

1.商洽函正文的写法

商洽函的正文由商洽缘由、商洽事项和结尾三部分组成。

（1）商洽缘由。简述发函的原因、依据。

（2）商洽事项。这是商洽函的主体，需遵循三个原则：一要主题明确，一函一事；二要针对性强，紧紧围绕需商洽的事项来写，不兜圈子；三要把握分寸，提出的要求应在受函单位的职权范围内。

（3）结尾。常用"请研究函复""以上意见妥否，请函复""请函复"等作结。

【结构模板】

关于商洽 × × × 的函

× × × ：

为了满足 × × × 的需要，我单位 × × × × × × 。知悉贵单位……（对方具备的条件）。为能……，我们拟……

请函复为盼。

× × ×

20 × × 年 × × 月 × × 日

【点评】

模板的主体由三部分组成，先是简述了己方的需求和对方的条件；接着提出与对方商洽的具体事项；最后以"请函复为盼"作结。"贵单位""请函复为盼"等谦敬用语，体现出对受函单位的尊重，彰显了商洽函的沟通协商特点。

2. 询问函正文的写法

询问函的正文主要由发函缘由、询问事项和结尾三部分组成。

（1）发函缘由。简述发函的意义、根据或背景。

（2）询问事项。阐明需要主送机关协办的事项，或通报的信息，或要求解决的问题等。

（3）结尾。常用"恳请函复为盼""盼复""请即复函""请研究函复"

等作结。

【结构模板】

关于 ×××××× 问题的函

×××：

……（要询问的具体事项）。对此，我单位衷心希望贵单位予以解答。请即函复。

×××

20××年××月××日

【点评】

模板省略了发函缘由，开门见山地提出需要咨询的问题，然后提出对方为自己解疑的要求。简洁明了，针对性强。

3. 征求意见函正文的写法

征求意见函的主体结构通常包括发函缘由、征求意见的事项、希望三个部分。

（1）发函缘由。简述发函的目的、依据、原因等，然后以"现将有关问题说明如下"等作为过渡，引出征求意见的事项。

（2）征求意见的事项。这是函的核心部分，内容单一，通常一函一事。既要具体明确地写出需要征集意见的事项，也要阐明复函的要求。

（3）希望。一般用礼貌性语言向对方提出希望。

【结构模板】

关于征求《××××工作的通知（征求意见稿）》意见的函

×××：

根据《×××××××》《××××××××》规定，按照上级要求，我单位即将开展×××工作。为……（目的），根据×××领导批示精神，请你单位对《×××工作的通知（征求意见稿）》提出详细书面修改意见和建议。敬请将电子档和经单位领导签字并加盖公章的纸质材料于××月××日下午××：00前反馈至我单位。

附件：《×××工作的通知（征求意见稿）》

×××

20××年××月××日

【点评】

模板的发函缘由部分，简要阐明了发函的根据和目的。征求意见的事项部分，既有对需要征求意见的事项的详细说明，也有对书面回馈的具体要求。所提的希望也便于受文单位落实。

4. 答复函正文的写法

答复函的主体结构通常包括缘起、答复事项和结尾三个部分。

（1）缘起。通常先引用对方来函的标题及发文字号，或者简述来函的主题，然后以"经认真研究，现答复如下"作为过渡转入下文。例如："你部《关于××的函》（××〔20××〕××号）来函已收悉，经认真研究，现答复如下。"

（2）答复事项。针对来函的内容，作出明确具体的答复。

（3）结尾。常用"此复""专此函复""特此函复""谨作答复"作结。

【结构模板】

复×××（单位）×××（事项）的函

×××：

　　贵单位"关于×××事"函悉。经研究，同意你单位……

　　特此函复。

×××

20××年××月××日

【点评】

　　模板的正文采用一段式结构，先是简述了来函的主题，然后表明己方的态度：同意。语言表达简洁明了，态度明确，措辞得当。

　　关于函，还有两点注意事项：

　　请求事项函的具体写法，可参照"请示"。需要注意的是，函是平行文，语气上应比"请示"更加谦恭有礼，尊重对方。

　　告知函和答复函十分接近，二者的主要区别在于：答复函是答复对方所询问的问题，告知函则是告知对方有关情况。

四、函写作的注意事项

（一）开门见山，目的明确

　　开门见山地提出需要询问或商洽的问题、请示的事项，并明确提出发函的目的。

（二）掌握分寸，用语得体

函的用语应平和礼貌，语气应委婉得体，既不使用恭维逢迎的词语，也不使用告诫、命令的词语。同时，提出的要求应在受函单位的职权范围内，切实可行。

（三）文种明确，格式规范

函是正式公文，必须严格按照公文格式撰写制作。便函不属于正式公文，没有公文格式要求，甚至可以没有标题，只需在落款处署上发文机关名称、成文日期并加盖公章即可。

第五节　纪要的写作

纪要是根据会议情况、会议记录和各种会议材料，经过综合整理而形成的概括性强、凝练度高的文字材料。它既可以上报，向上级机关汇报会议情况和结果；也可以发给平级机关或下级机关，以传达会议精神和议定事项，或要求与会单位共同遵守、执行。因此，具有沟通情况、交流经验、统一认识、指导工作等作用。

一、纪要的特点

（一）凭据性

纪要是根据会议情况、会议记录和各种会议材料，经过综合整理而形成的概括性强、凝练度高的文字材料，具有情况通报、执行依据等作用。

（二）概括性

纪要不同于会议记录，不是有闻必录，而是需对会议的全面情况进行分析、归纳、整理，反映会议结论性的意见。因此，与会议记录相比，会议纪要更能集中地反映会议的精神实质，具有高度的概括性。

（三）纪实性

纪要是根据会议情况、会议记录和各种会议材料，经过综合整理而形成的，撰写者只能概括、提炼与会者的发言，不能掺杂个人的意见，更不能随意增减发挥。

（四）指导性

纪要所记载、传达的会议情况和议定事项，是与会者及其组织领导者的共同意志的体现，集中反映了会议的精神实质，具有很强的指导性。

二、纪要的分类

根据会议性质的不同，纪要可分为办公会议纪要、专题会议纪要两类。

（一）办公会议纪要

办公会议纪要是各类机关领导层集体开会决定问题后使用的传达会议决定事项的纪要，又可分为例行性办公会议纪要（记述例行办公会议情况及其议决事项的会议纪要）、现场办公会议纪要（为解决某重大问题而召集有关方面和有关单位在现场研究、议决或协商相关事宜的办公会议纪要）。

（二）专题会议纪要

专题会议纪要是专门记述座谈会讨论、研究的情况与成果的一种会议纪要。其主要特点是主题的集中性与观点意见的分呈性相结合，既要归纳比较集中、统一的认识，又要将各种不同观点和倾向性意见都归纳表达出来。

三、纪要的结构和写法

（一）纪要主体的基本结构和写法

纪要版头的发文机关标志、发文字号与其他公文有所不同。其版头的发文机关标志为"××××纪要"，居中排列；发文字号不标注机关代字，只标注年份和序号。此外，在版记标识中增加"分送机关"栏（"分送"类似于其他公文中的"主送"，主要用于标注出席人员和受理机关等）。

纪要不设主送机关，不署名，不标成文日期，不加盖印章。在正文或附件说明下空一行，依次标注出席、列席和请假人员名单。

纪要正文一般由会议概况、会议议定事项及成果、希望及要求三部分组成。

（1）会议概况。概述会议的基本情况，包括会议名称，召开的时间、地点、依据，参加会议的人员，会议的目标和指导思想，会议的主要议题和议程，会议取得的重要成果，等等。

会议概况主要有两种表现形式：一种是综述式，就是将有关情况一体结构，加以叙述，多适用于大、中型专题会议等；另一种是条目式，就是分条列项地表述相关内容，多适用于各类例行会议。

（2）会议议定事项及成果。这是纪要的主体部分，一般根据会议的中心议题，按主次、有重点地写出会议的情况和成果，包括会议研究的问题，对问题分析、讨论的意见，报告和发言的主要精神和要点，会议议定的事项，提出的要求，等等。撰写者要根据会议的内容，进行概括、提炼、整理，把会议的主要精神和成果反映出来。

具体写作技巧，将在下文详细阐述。

（3）希望及要求。向收文单位提出具体明确的希望和要求。

纪要常用的结尾方式有四种：

（1）号召式。向收文单位提出为实现会议目标和任务而奋斗的号召或希望。

（2）建议式。就会议议定的有关问题，向上级或同级有关部门提出意见和建议。

（3）要求式。向下级有关单位提出贯彻落实会议精神、完成会议目标和任务的具体要求。

（4）评价式。对会议的成果和意义作出客观、全面的评价。

有的会议纪要没有结尾部分，主体内容写完，全文就结束了。

（二）"会议议定事项及成果"部分的写作技巧

鉴于各类纪要的会议概况、希望及要求两部分的写法基本相同，故这里仅就"会议议定事项及成果"部分的写作方法展开论述。

1. 简要概述式

概括叙述会议的基本情况，讨论研究的主要问题，与会人员的观点，议定的事项（包括解决问题的措施、要求等），等等。其多用于讨论的问题比较集中单一、意见比较统一、容易贯彻执行的小型会议纪要。常用"会议提出""会议认为""会议决定""会议要求""会议号召"等习惯用语统领段落。

【结构模板】

根据年度工作安排，我（单位）……会于 × 月 × × 日在会议室召开。

参加会议的有：×××、×××等同志，会议由（职务）××同志主持。（职务）×××同志传达……会议精神并做重要发言。会议以……为指导，统一思想认识，讨论研究贯彻落实的具体措施。

会议一致认为……

会议分析认为……

会议要求……

一、……

二、……

三、……

四、……

会议号召……

出席：×××、×××、×××、×××、×××。

列席：××××、×××、×××、×××。

缺席：×××、×××。

2. 分项式

分类整理会议内容，而后分条列项加以叙述，其常用于会议的内容较多、议题比较复杂、涉及面较广的大、中型会议纪要。撰写这类会议纪要时，需把会议的主要内容分成几个大的问题，然后附上小标题，分项来写。这种写法侧重于横向分析阐述，内容全面，条理清晰，重点突出。

【结构模板】

20××年×月×日下午，××××办公室在××会议室举行了××会议。办公室全体成员参加了会议，会议由××（职务）×××主持。会议讨论了……问题，听取了×××同志关于……的汇报，对……有关问题

123

进行了研究。

会议议定事项如下：

一、……

二、……

三、……

会议强调……

一是……

二是……

三是……

四是……

会议指出……

一是……

二是……

三是……

出席：×××、×××、×××、×××、×××、×××。

列席：×××、×××、×××、×××。

缺席：×××、×××。

3. 贯通式

将会议的主要内容分成几个自然段，按照提出问题、分析原因、提出措施的逻辑顺序一以贯之，不分部分，也不加小标题。这是一种纵式结构，结构紧凑，逻辑严密，适合于中、小型专题会议纪要。

【结构模板】

×× 月 ×× 日下午，××× 会议在 ××× 会议室召开。会议由

×××副主任主持，××（职务）出席会议并讲话。

会议对……给予了充分肯定。一是……；二是……

会议指出了当前存在的一些问题和不足：一是……；二是……

会议提出了四点建议：一是……；二是……；三是……；四是……

会议研究分析了……

会议强调……（措施）。

出席：××、×××、×××、×××、××、×××。

列席：××、××、×××、×××、×××。

缺席：×××、×××。

四、纪要写作的注意事项

（一）忠于会议内容

纪要要有纪实性。纪要是根据会议记录、会议文件或其他有关材料加工整理而成的，是反映会议基本情况和会议精神，记录会议议决事项和重要精神，并要求有关单位执行的一种纪实性公文。这就要求会议纪要的撰写者必须忠实于会议情况，客观、扼要地叙述会议内容。

（二）突出要点

纪要必须真正摘其"要"而记之。这就要求会议纪要的撰写者紧紧抓住会议的中心议题，认真分析、研究与会者的发言，提纲挈领地反映会议的重要成果，准确传达会议精神和决定。切忌"眉毛胡子一把抓"，或者硬在不同观点中求平衡。

（三）注重归纳

纪要并不是把会议的所有内容都原原本本地记录下来，而是要有所综合，有所归纳，有所选择，有所强调。这就要求会议纪要的撰写者对会议的议题、过程、讨论发言、领导讲话、决议等进行分析和归纳，提纲挈领地反映会议的基本精神和主要内容。

（四）使用习惯用语

由于会议纪要反映的是与会人员的集体意志和共同意向，故常以"会议"作为表述主体。如每段段首常用"会议决定""会议认为""会议指出""与会者一致认为""会议强调""会议同意""会议要求""会议希望""会议号召""会议回顾了""会议讨论了""会议听取了"等惯用语。撰写者应根据表述内容，灵活地选用惯用语，凸显纪要的精练性和理论性。

思考题四

1. 有人认为，转发类通知只要写出被转发的文件名称，然后用"望遵照执行"等惯用语收尾即可。这种观点对吗？为什么？

2. 通知的种类有哪些？通报的种类有哪些？

3. 通报、通知、通告有哪些区别？

4. 什么是函？函和请示有哪些区别？

5. 有人认为，会议纪要就是会议内容记录。这种观点对吗？为什么？

第五章　常用事务公文写作

　　事务公文是指法定公文之外的，机关、企事业单位、社会团体或个人在处理日常事务时用来沟通信息、反映情况、安排工作、总结得失、解决问题、规范行为的实用性文书。常用的事务公文包括计划、总结、调查报告、述职报告、简报、讲话稿、演讲稿、会议记录、大事记、公示、启事等。事务公文与法定公文的区别在于：它没有统一规定的文本格式；它不能单独作为文件发文，需要时，它只能作为公文的附件行文（如计划、总结）；必要时，它可公开面向社会，或提供新闻线索（如简报），或通过传媒宣传（如调查报告等）。

第一节　计划的写作

　　古人云："凡事预则立，不预则废。"计划是党政机关、企事业单位、社会团体或个人为完成某一任务或实现某项目标，预先对今后一定时期内的工作、活动所做的安排、设想、部署、规划和筹措。也就是说，计划是前进方向上的"路标"，是一切行动的先导，也是实施目标的手段。

一、计划的特点

（一）科学的预见性

计划就是对未来行动的预想和策划，没有预见就没有计划。撰写计划时，要对未来一段时间或一个时期做出科学的预见，对各种可能出现的情况，有一个清醒的认识、正确的估量。撰写者应以上级部门的规定和指示为指导，以本单位的实际条件为基础，以过去的成绩和问题为依据，对今后的发展趋势做出科学预测。

（二）明确的目的性

计划具有明确的目的性，是为了达到某个目标、完成某项任务而制定的，其对在一定的时间内完成什么任务、获得什么效益、达到什么标准等，都规定得具体明确。

（三）较强的指导性

计划是对今后一定时期内的工作、活动所做的安排、设想、部署、规划和筹措，具有较强的指导性。计划可以协调各部门的行动，增强工作的主动性，减少盲目性，从而使各项工作有条不紊地进行。

（四）措施的可行性

再好的计划也要付诸实施，因此，其所拟定的目标，做出的安排、设想、部署、规划和筹措等，必须切实可行。目标定得过高，无法实现和完成；定得过低，则无法起指导、激励作用。计划的步骤、措施、要求、时限等，均要写得具体明确。

（五）一定的约束性

计划一经通过、批准，就要认真贯彻执行，对计划所涉及的单位、人员等的约束性也就随之产生。当计划以公文附件的形式下发时，便具有了公文的法规性，计划所涉及的单位、人员必须遵照执行。此外，下级机关在执行计划的过程中遇到自身难以解决的困难和问题时，需向上级机关请求指示。未经上级机关批准，不得随意调整和更改计划。

（六）适度的可变性

计划一经批准就要坚持贯彻执行，但在计划执行的过程中，当外部环境和内部条件发生重大变化时，就应及时对计划作出调整、修改、补充。

二、计划的分类

计划的主体是多层次的，计划的对象也是多层次的，因此，按照不同的标准，可将计划分为不同的类型。

（一）计划的别称

计划是一个统称，纲要、规划、方案、设想、意见、要点、安排、打算等都属于计划的范畴。计划由于内容等方面的不同，往往选用不同的名称。

（1）纲要。通常指五年以上的，政策性和指导性较强、提纲挈领式的计划。

（2）规划。通常指五年以内的，内容范围较广，是一个地区、一个系统或一项工作全局性的战略部署，是展示发展远景与长远目标粗线条的计划。其全面、专项、概括性较强。

（3）方案。通常指本单位或上级对下级的某项工作从目的要求、方式方法到具体进度的全面部署。其偏重于原则性的指导。

（4）设想。它是一种粗线条勾勒的、尚未成熟的非正式计划，具有较强的参考性、理想性和一定的可变性。

（5）意见。它是上级机关对下级机关交代政策、布置任务、提出要求、提供方法的指导性计划。

（6）要点。它是为了实现某一工作目的，对计划所要做的具体工作及其步骤、方法等方面提示出主要之点的一种文体。

（7）安排。它是就某一内容单一的活动、工作所制订的临时性的、时间较短的且又比较具体、切实的计划。

（二）计划的种类

按照内容，可分为学习计划、科研计划、训练计划、工作计划、业务计划等。

按照性质，可分为综合计划和专项计划。

按照使用范围，可分为单位计划、部门计划、个人计划等。

按照时间，可分为周计划、月份计划、季度计划、年度计划、近期计划、长远计划等。

按照格式，可分为条文式计划、表格式计划、条文与表格相结合式计划、文件式计划。

三、计划的结构与写法

计划一般由标题、正文和落款三部分组成。

（一）标题

（1）完整式标题。一般包含单位名称、时限、内容和文种四个要素。如《××学院××系20××年教学工作计划》。

（2）省略时限的标题。如《××工作安排》。

（3）公文式计划标题。如《关于做好年终考核工作的计划》。

拟制的计划如需讨论定稿或经上级批准，应在标题的后面或下方用括号加注"草案""初稿""讨论稿"等字样。如《×××实施方案（讨论稿）》。

需要注意的是，计划的标题中，绝不可以省略计划内容。

（二）正文

计划的正文一般包括开头、主体和结尾三部分。

（1）开头。简要阐明制订计划的背景、根据、目的、意义、指导思想等。其篇幅的长短主要由工作的重要程度、内容的多少来决定。

（2）主体。这是计划的核心内容，主要包括任务（阐述做什么）、目标（做到什么程度）、措施和步骤（怎样做）。既要写得全面周到，又要写得具体明白。

全面工作计划一般采取并列式结构（任务、措施分说）。"任务与目标"部分，应根据上级的指示或本单位的需要与可能，规定一定时间内所应完成的工作任务和应达到的指标。这部分内容应重点突出，具体明确，有的还提出数量、质量和时间等要求。"措施和步骤"部分主要阐述"怎么做"和"什么时候完成"，应详细说明实现计划的各种措施和步骤安排，即如何执行计划、如何分工合作、如何检查考核等。措施是实现目标的保证，一定要周到严密，切实可行；步骤是指目标实现的程序设计和时间安排，一定要具有可操作性和可行性。

主体部分的常用表述方式有：综述式、条文式、表格式、交错式等。

（3）结尾。可以展望计划实现的情景给人以鼓舞，也可以提出总的希望或者号召。

（三）落款

计划大多以单位或部门作为工作范围，只在单位内要求执行，一般不以文件形式下发。因此，除标题和正文外，往往还要在题下或文后标明"20××年××月××日制订"字样，以示郑重。

【结构模板】

20××年度××××计划

为认真贯彻落实××次扩大会议精神，进一步加强……定于20××年1月3日至9月30日，进行××业务训练，具体安排如下：

一、目标

……

二、措施

……

三、步骤

……

四、几点要求

……

附件：20××年度××××计划表

×××

20××年××月××日

【点评】

模板是一份活动计划，开头部分简述了活动的目的、时间和主题。主体部分分条列项地阐述了活动的目标、措施、步骤和要求。附件部分列出了20××年度××××计划表，对各项重点工作进行了安排部署。

四、计划写作的注意事项

"凡事预则立，不预则废。"计划是对今后一定时期内的工作、活动所做的安排、设想、部署、规划和筹措，具有预见性、可行性、约束性、指导性等特点。因此，撰写计划时，需遵循一定的章法。

（一）细辨小类，依类而作

首先，依据计划的具体内容，选择合适的计划文种和行文方式。其次，根据具体内容和文种写作要求进行写作。写作时，需遵循如下原则：对上负责，切实可行，集思广益，突出重点，防患未然。

（二）着力分析，切实可行

认真分析本单位的具体情况，是制订计划的根据和基础。因此，应根据上级的指示精神和本单位的现实情况，确定工作方针、工作任务、工作要求，再据此确定工作的具体措施和具体步骤。计划目标既要具体明确，又要具备一定的弹性。实施的措施、步骤则要条理清楚，切实可行。

（三）注意逻辑，及时修订

计划是为实现组织目标而对未来行动所做的综合性统筹安排，是未来组织活动的指导性文件。而且，计划一经正式通过或批准以后，就要坚决贯彻执行。因此，计划的目标和任务、措施和步骤、内容和布局等必须符合逻辑。在执行的过程中，应根据实际情况补充、修订和更新计划。

第二节　总结的写作

总结是单位或个人对过去某一时期、某一阶段、某个方面已完成的工作的回顾、分析与研究，并从中得出规律性的认识，用以指导今后工作的文字材料。

一、总结的特点

（一）回顾性

总结是事后行文，是对过去某一时期、某一阶段、某个方面已完成的工作的回顾、分析与研究。没有回顾，没有反思，总结就失去了价值和意义。

（二）真实性

总结须用事实说话，从本单位或本人的实践活动中选取典型材料和具体数据，并从中提炼观点，得出结论。因此，总结的材料是真实、准确、可靠的。

（三）说理性

总结须在实事求是的基础上，寻求本质和规律，既要"就事论事"，更要"就事论是"，揭示理性认识，提出规律性的东西。因此，能否从失败中总结教训，从成功中总结经验，从现象中看到本质，能否洞察和把握客观事物的发展规律，是衡量一篇总结写得好坏的重要标准。

（四）目的性

如果说回顾过去，回答"做了什么"，体现了总结的真实性；通过理性分析，找出规律，回答"为什么"，体现了总结的说理性，那么，总结经验，吸取教训，指导未来的工作，回答"怎么做"，体现了总结的目的性。换言之，总结的根本目的在于吸取经验教训，做好当前和今后的工作。具体来说，肯定成绩是为了进一步增强信心，总结经验是为了更好地前进，吸取教训是为了避免重蹈覆辙。

二、总结的分类

根据不同的分类标准，可将总结分为不同的类型。

（1）按照性质和内容的不同，可分为综合性总结和专题性总结。其中，综合性总结是对某一单位在某一时段各方面工作情况的全面总结。专题性总结是对某一方面工作或某个重大问题做的专门总结。

（2）按照性质的不同，可分为思想总结、工作总结、生产总结、经验总结、学习总结、会议总结等。

（3）按照时间的不同，可分为年度总结、半年总结、季度总结、月份总结等。

（4）按照范围的不同，可分为全国性总结、地区性总结、部门性总结、本单位总结、个人总结等。

（5）按照功能的不同，可分为汇报性总结、经验性总结、问题性总结等。

需要明确的是，上述分类并不是绝对的，相互之间可以相容、交叉。如《××（单位）20××年度工作总结》，按性质说是工作总结，按范围说是单位总结，按时间说是年度总结，按内容说是全面总结。

三、总结的基本结构和写作技巧

总结通常由标题、正文、署名和日期三部分构成。

（一）标题

（1）单位＋期限＋总结对象＋"总结"。如《×××（单位）20××年工作总结》。

（2）新闻式标题，即概括总结的核心内容的标题。如《立足中心、把握重点，圆满完成任务——××（单位）20××年工作总结》。一个好的标题，往往具有挈领全篇、提示主旨的作用。因此，拟定标题时，应在准确的前提下再力求工整。

（二）正文

总结的正文部分通常按照"基本情况—成绩及经验—存在问题及教训—今后打算和努力方向"的思路来写。

1. 基本情况

这也是总结的前言，简要叙述工作任务、完成的步骤、采取的措施和取得的成效、存在的问题等。这部分的写作要求是：概括性要强、说明要清楚、层次要分明、文字要精练、用语要恰当。

2. 成绩及经验

主要阐述工作完成情况、取得的成绩和经验。

首先，按照内容、项目、进程等，分门别类地对工作完成情况进行归纳与总结。综合性工作总结一般时间跨度长，涉及范围广，包含内容多，在写作的过程中，既要把各方面的工作情况反映出来，又要突出中心，抓住重点，写深写透。

其次，总结成绩。通常是主要成绩在前，一般成绩在后；全局成绩在前，局部成绩在后；发文单位抓的典型成绩在前，下属单位抓的典型成绩在后等。

最后，提炼经验。写作总结的目的，不只是为了肯定成绩和找出问题，更重要的是为了吸取以往的经验教训，做好当前和今后的工作。因此，这一部分要求在全面回顾工作情况的基础上，深刻透彻地分析取得成绩的原因、条件、做法以及存在问题的根源和教训，揭示出工作中带有规律性的认识等。

要想写出有价值的经验，必须充分掌握三方面的资料：一是做了哪些工作；二是取得了哪些成绩；三是有哪些典型事例、精确数据、具体评价等。

提炼经验时，要力求把情况和问题看得全面一点，深刻一点，辩证一点。一是从上面向下面看，看对不对；二是从外面向里面看，看新不新。三是从全局向局部看，看有没有指导性。

3. 问题及教训

首先，把问题找准。洞悉工作中存在哪些问题，哪些是带倾向性的问题，哪些是一般性的问题；哪些是老问题，哪些是新问题。其次，分析问题产生的原因，既找主观原因，又找客观原因；区分主要原因和次要原因。最后，得出教训和规律性的认识。

专题性工作总结中，或是将存在的问题与不足三言两语带过，或是省略这部分内容。

4. 今后的打算和努力方向

根据新形势，针对工作中存在的问题，提出今后工作的指导思想、目标、任务和完成的措施。

专题性工作总结中，可以省略这部分内容。

（三）署名和日期

署名写在正文的右下方，并在署名下方写上总结的年、月、日。如果标题中已有署名，这里可不再写。

【结构模板】

20××年××××工作总结

今年以来，×××（单位）坚持以……精神为指导，深入贯彻落实……要求，按照……的工作思路，不断强化……；努力提升……；积极探索……；扎实推进……；圆满完成了……任务；……建设取得了新的进展。

一、主要工作情况

（一）……

（二）……

（三）……

（四）……

二、成绩及经验

（一）……

（二）……

（三）……

（四）……

三、问题及教训

在取得上述成绩的同时，也暴露出三个方面的问题：

（一）……

（二）……

（三）……

四、明年工作重心

接下来的一年，将重点抓好以下几个方面工作：

（一）……

（二）……

（三）……

（四）……

【点评】

模板主要分为四个部分：主要工作情况—成绩及经验—问题及教训—明年工作重心。逻辑严密，条理清晰。

四、总结写作的注意事项

总结虽然常写，但是要想写好、写实、写出新意并不容易。要想写出好的总结，需对各项工作进行全面、审慎的回顾，并从中概括总结出带有规律性的经验和教训。此外，还需注意如下问题：

（一）实事求是，真实准确

总结要坚持实事求是，努力实现真实性、客观性、系统性、规律性与指导性的统一。以经验总结为例，经验总结所展示的经验只有绝对真实，才能真正发挥教育人、鼓舞人、指导与促进今后工作的作用。在总结经验时，一定要树立正确的指导思想，必须以党的方针、政策、路线为依据。总结出的经验一定要观点鲜明、正确，既有先进性、科学性，又有代表性和普遍意义，能够指导与促进今后的工作。

（二）全面回顾，突出重点

写作总结时，一方面，要在全面回顾工作情况的基础上，深刻、透彻地分析取得成绩的原因、条件、做法以及存在问题的根源和教训等，揭示工作中带有规律性的东西。例如，从对工作的评价来说，既要肯定成绩，也要指出问题和不足；从对今后工作的展望来说，不仅要指出努力的方向，而且要指出应注意避免的问题。另一方面，总结要揭示深层次的规律，要有独到的发现、独到的体会、新颖的角度。总结的选材不能求全贪多，而应根据实际情况和总结的目的，把那些既能展现本单位、本地区特点，又有一定普遍性的材料写得具体详细。

（三）条分缕析，语言朴实

总结是对已完成的工作进行回顾、检查、分析、研究、归纳、提炼，将丰富的感性材料集中起来，使之条理化、系统化，上升到理论的高度，总结出其中的经验教训，得出规律性的认识，以便指导今后的工作。语言表达方面，应尽量使用实在、贴切的词语，不讲套话、空话；要把成绩经验总结好，问题不足查找准，原因教训分析透，整改措施制定实，杜绝掺水分、拔高度、文过饰非。

五、总结与报告在写作上的区别

（一）行文规范不同

在行文规范方面，总结要比工作报告宽松。总结的标题，可使用公文式标题，如"关于×××的总结"；可使用一般文章标题，如"变化发展中的×××"；还可使用新闻式标题，如"创新管理，狠抓落实——×××工作总结"。工作报告的标题一般都采用完整式的公文标题（发文机关、事由、文种），如"×××（单位名称）关于×××（事项）工作的报告"。

（二）结束语不同

总结没有专属的文种结束语，而工作报告则常以"特此报告""专此报告""以上报告，请审阅"等作结。

（三）语言要求不同

总结作为一般应用文，其语言简明扼要即可。工作报告作为上行公文的一种，其语言除应简明扼要外，还应严谨、庄重、谦恭。

第三节　调查报告的写作

调查报告是在对某个单位、某个问题或某一事件进行深入调查和研究之后，根据调查研究过程及成果写成的书面材料。调查研究是报告的客观基础和依据，报告是调查研究成果的客观反映和体现，两者缺一不可。

一、调查报告的特点

（一）真实性

真实性是调查报告首要的、最大的特点。调查报告是在占有大量现实和历史资料的基础上，用叙述性的语言实事求是地反映某一客观事物。这就意味着，充分了解实情和全面掌握真实可靠的素材，是写好调查报告的基础。因此，调查报告所反映的内容必须是调查研究的结果，经过调查所亲自了解到的情况。在调查报告中，不仅主要人物和事实要真实，就是事件的时间、地点、过程及各种细节，也要绝对真实，不能有半点虚假浮夸。

（二）针对性

针对性是调查报告的灵魂。调查报告强调的是目的明确，有的放矢。没有针对性的调查报告，是没有意义的。撰写调查报告，是为了解决实际问题。通常而言，针对性越强，调查的效果就越好，调查报告的作用也就越大。

（三）逻辑性

调查报告离不开确凿的事实，但又不是材料的机械堆砌，而是对核实无误的数据和事实进行严密的逻辑论证，探明事物发展变化的原因，预测事物发展变化的趋势，得出本质性和规律性的认识。

（四）典型性

调查报告所反映的内容，无论是经验还是问题，都应有典型性，要能起到以局部反映全局或以"点"带"面"的作用。如果调查报告所反映的只是没有任何典型意义的孤立的个别事例，就不会对工作产生指导意义。

（五）时效性

调查报告是服务于现实工作情况的，这就决定了它的时效性。如果撰写报告不及时，就会延误解决问题的最佳时机，调查报告也就失去了其存在的价值。

二、调查报告的分类

按照报告内容所涉及的范围，可将调查报告分为综合性调查报告和专题性调查报告。综合性调查报告是对某一单位一定时期内整体工作情况的调查报告；专题性调查报告是针对某个事情或某一问题撰写的调查报告。

按照报告所反映的内容，可以将调查报告分为如下类型：

（一）情况性调查报告

情况性调查报告是比较系统地反映本地区、本单位基本情况的一种调查报告，可为领导机关了解基层情况，正确地制定方针、政策，进行科学决策提供依据。其基本结构包括：基本情况、问题及原因分析、解决问题的措施。其基本结构可概括为：情况—成果—问题—建议。

（二）经验性调查报告

经验性调查报告是对某个单位在某一时期或某一项工作的过程和成绩进行调查研究，从中总结出具有指导意义、普遍意义的经验而形成的调查报告。它所反映的经验和做法是从工作实践中得来的，有普遍的指导意义。经验性调查报告的基础是事实可靠，关键是经验总结，目的是推而广之。其基本结构可概括为：成果—具体做法—经验。

（三）揭露性调查报告

揭露性调查报告主要是对某一不良倾向或突出的反面事例进行调查，以揭露事实真相、分析原因、说明后果或指出应记取的教训，起到教育群众、改进工作目的。其基本结构可概括为：问题—原因—意见或建议。

三、调查报告的写作

一般来说，调查报告由标题、正文、署名和日期三部分组成。

（一）标题

（1）事由＋文种。"事由"直接标明调查对象和主题。如《××（单位）

培养创新人才调查报告》。

（2）主标题加副标题。主标题揭示主题或表明主要观点，副标题标明调查对象及所调查的问题。如《高校发展重在学科建设——××院校学科建设情况调查》。

调查报告的标题必须准确揭示调查报告的主题思想，简单明了、高度概括、题文相符。

（二）正文

调查报告的正文通常由前言、主体、结尾三部分组成。

1. 前言

调查报告的前言相当于一般文章的引言和新闻的导语，通过概括地介绍调查目的、调查对象、调查方法、简要经过、基本结论等，使读者对调查情况先形成一个总的印象，以便迅速把握全文的中心。

调查报告的前言有三种写法：

（1）概述式。又称提要式，把调查对象最主要的情况进行概括后写在开头，使读者对调查报告的基本情况有一个大致的了解。

（2）议论式。通过发表议论，直接点明所调查问题的性质、意义、主题等，引起读者的重视。

（3）问题式。通过提出问题，引发读者对调查内容的关注和思考。

2. 主体

这是调查报告中最重要的部分，详述调查研究的基本情况、做法、经验以及分析调查研究所得材料中得出的各种具体认识、观点和基本结论。内容较多的调查报告，通常把具体内容分为几个部分，每个部分集中说明一个中心（一个观点、一条经验或做法），并冠以小标题。

由于调查的目的、内容和范围不同，调查报告主体部分的结构形式也各不相同，常见的有纵式结构、横式结构和综合式结构。

（1）纵式结构。又称递进式结构，其类似于记叙文的时间顺序写法，按照事物发展的顺序或调查的程序安排结构层次。常见的纵式结构一般按照介绍情况或问题，分析原因或利弊，提出对策、意见和建议的顺序展开。如以时间为线索，把事物的发展过程分为几个阶段，列出小标题，每个小标题表示事物发展的一个阶段，把调查中掌握的事实一个阶段一个阶段地说清楚，使读者了解其概貌和来龙去脉，理解其总结的经验教训。这种结构方式适用于典型单位和个人的调查，或对某件事情发展演变过程的调查。

（2）横式结构。又称并列式结构，通常在主题形成之后，把调查的事实和形成的观点按性质和内在逻辑，分成几个并列的部分，分别叙述，从不同方面说明调查报告的主题。这种结构形式适用于内容丰富、背景广阔、综合性比较强的调查报告，其特点是观点鲜明，重点突出，论述集中，条理清楚。

（3）综合式结构。又称纵横结合式结构，通常是叙事用递进式结构，剖析原因、阐述经验、提对策建议用并列式结构；或者上一层次用递进式结构，下一层次用并列式结构；或者是上一层次用并列式结构，下一层次用递进式结构。这种结构形式适用于介绍经验做法、揭露问题、推介新事物的调查报告。

调查报告的主体部分不论采取什么结构方式，都应该做到先后有序，主次分明，详略得当，联系紧密，层层深入。需要强调的是，调查报告的主体部分不论采用哪种写法，都要注意观点与材料的结合与统一。那么，怎样让观点与材料彼此统一，形成有机整体呢？常用的方法有三种：一是先提出观点，后叙述材料，用材料说明和印证观点；二是先叙述材料，后阐述观点，从感性材料中得出理性化的认识；三是夹叙夹议，在叙述中说理。

3. 结尾

不同的调查报告，结尾写法各不相同。一般来说，调查报告的结尾有四种：①概括要点，深化主题。②补充正文，升华主题。③提出建议、办法、措施。④发出号召，鼓舞人心。有的调查报告没有单独的结束语，以正文部分的末段自然结尾，意尽言止。

（三）署名和日期

调查报告一律要求署名，可以是机关单位或临时组成的调查小组，也可以是个人。其署名的位置有三种：一是署名在调查报告尾端，下一行标注日期；二是署名在标题正下方；三是署名在标题中。

【结构模板】

关于 ×××× 情况的调查报告

近日来，我们以看、问、考的形式，对 ×××（单位）××× 情况进行了调查了解。总体感到……

一、基本情况

……

二、主要做法和特点

（一）……

（二）……

（三）……

（四）……

三、存在的问题

（一）……

（二）……

（三）……

四、几点建议

（一）……

（二）……

（三）……

$$\times \times \times$$

$$20 \times \times 年 \times \times 月 \times \times 日$$

【点评】

模板是一份情况调查报告，前言部分开门见山地指出了调查的对象、范围、方法和总体印象。主体部分采用递进式结构，先是阐述了调查的主要情况和发现的突出问题，接着分析了问题产生的原因，最后提出了针对性的改进措施。

四、调查报告写作的注意事项

调查报告写作的基本要求是：反映事实，揭示本质，发现规律，提出建议；总的要求则是材料要真实，事例要典型，文字要简明。

（一）精心确定主题

调查报告的主题是调查报告的灵魂，对调查报告写作的成败具有决定性的意义。因此，在确定调查报告的主题时，应注意如下问题：

首先，增强问题意识。撰写调查报告的根本目的，是为了更好地发现问题、解决问题。因此，撰写调查报告必须强化问题意识，坚持问题导向，在"真研究问题、研究真问题"上下功夫。只有不断了解新情况、新问题，有意识地探索和研究，才能写出有价值的调查报告。

其次，限定主题范围。确定调查报告的主题范围时，需遵循三个原则：一是根据形势任务的发展变化来确定主题。具体来说，就是要紧贴时代发展，紧贴使命任务，紧贴工作实际；就是要体现时代性，把握规律性，富于创造性。二是围绕中心任务来确定主题。三是围绕单位建设中的重大现实问题以及带有倾向性、普遍性的问题来确定主题。总之，调查报告要调查新情况，探索新特点，解决新问题，总结新规律。

最后，具有针对性。针对性越强，调查报告的价值就越大，产生的指导意义就越大。因此，应着重对那些带有普遍性、倾向性、苗头性的热点难点问题开展调查研究，并从中归纳出具有普遍指导意义的规律性的认识。

（二）立足"实"字

真实性是调查报告的生命。首先，深入调查研究，详尽地占有材料和科学地分析材料，是写好调查报告的基础、前提和先决条件。其次，调查报告的核心，是实事求是地反映和分析客观事实。再次，调查报告提出的对策要切实可行，具有可操作性，不能脱离实际。最后，调查报告的语言应实在朴实、严谨精练。同时，应根据写作内容、对象、单位等，多融进一些来自第一线的"原汁原味"的群众语言。

（三）善于使用材料

俗话说："调查报告的成败取决于动笔前。"换言之，撰写调查报告前，要提炼主题，安排材料，布局谋篇。选材需要注意三点：一是善于使用典型材料、最能表现主题的材料说明主题；二是善于运用统计数字说明主题，准确无误的数据具有很强的说服力，可以增强调查报告的概括力和表现力；三是必须围绕主题选择材料，尽量选择那些能突出、烘托主题的材料，尽量选择那些典型、准确、新颖、生动的材料，使主题表现得更深刻、更有力。总之，材料的"质"要纯正，要能反映事物的本质特征，要能突出、烘托主题；材料的"量"也要适度，最能表现中心思想的材料要详写，对表现中心思想作用不大，但是必不可少的材料要略写。

（四）语言简练朴实

调查报告的语言应朴实、严谨、精练、简明；应根据写作内容、对象、单位等，多融进一些来自第一线的"原汁原味"的群众语言。此外，还应切实做到"五戒"：一戒假大空，二戒绕弯子，三戒正反说，四戒缺乏个性，五戒脱离实际。

总之，一篇好的调查报告，要言正确之理、言解惑之理、言独到之理，要言之有根、言之有据、言之有方，语言要朴实严谨、精练简明，对策措施要切实可行。

第四节 简报的写作

简报又称"动态""简讯""工作通讯""情况反映""情况交流""内部参考"等，是各级党政机关、社会团体、企事业单位内部编发的向上级汇报工作、反映情况，向下级或平级通报情况、交流经验、传递信息的内部小报；是具有汇报性、交流性和指导性特点的简短、灵活、快捷的书面形式。

一、简报的特点

简报既具有一般报纸新闻性的特点（真、新、简、快），又具有自身的特点。

（一）时效性强

简报就是要把情况迅速地反映给上级和有关部门，或发到下属单位及有关人员。如果简报编写不迅速及时，其作用就会大大缩小。

（二）专业性强

简报一般由有关单位、部门主办，专业性强。如《政治工作简报》《招生简报》等。

（三）篇幅简短

"简"是简报区别于其他报刊的最显著的特点。一份简报可能只有一篇文章，也可能有多篇文章，总字数很少超过两千字。因此，简报的语言必须简明精练。

（四）限于内部交流

简报一般在编报机关管辖范围内的各单位之间交流，不宜甚至不能公开传播。有的工作简报往往只能送给某一级机关或者某一级领导阅看，有一定的保密要求，不能任意扩大阅读范围。

二、简报的分类

简报的种类繁多，按照不同的分类标准，可以划分为多种类型。按照时间，可分为定期简报、不定期简报或快报、周报、旬报等；按照内容，可分为综合简报和专题简报；按照性质，可分为工作简报、生产简报、学习简报、会议简报。限于篇幅，下面仅就工作简报、会议简报和动态简报加以阐述。

（一）工作简报

工作简报又称"业务简报"，是一种反映本地区、本系统、本部门日常工作或问题的经常性简报。它适用于描述工作开展情况、重大问题的处理情况、总结经验教训、表扬先进、批评后进、指导工作等。它常以定期或不定期的形式出现，在一定范围内发行。

（二）会议简报

会议简报是会议期间反映会议情况的简报，是一种临时性的简报，内容包括会议中的情况、发言及会议决定等。规模较大、时间较长的会议常常编发多期简报，以起到及时交流情况、推动会议的作用。小型会议一般是一会一期简报，常在会议结束后，写一期较全面的总结性的情况反映。

（三）动态简报

动态简报主要包括情况动态和思想动态。其时效性、机密性较强，要求编发迅速，发送范围有一定限制，在某一个时期、某一阶段内要保密。

三、简报的结构和写法

简报一般包括报头、报核、报尾三个部分。

（一）报头

1. 简报名称
一般用套红印刷的大号字体。如有特殊内容而又不必另出一期简报时，就在名称或期数下面注明"增刊"或"××专刊"字样。秘密等级写在左上角，有的写"内部文件"或"内部资料，注意保存"等字样。

2. 期号
写在简报名称的下一行，用括号括上。

3. 编印单位名称和印发日期

期号下面左侧是编印单位的全称，右侧是印发日期。

报头下面，用一道横线将报头与报核隔开。

（二）报核

报核是简报的核心，是指简报所刊发的一篇或多篇文章。报核的写法是多种多样的，形式也较为灵活。大多数是消息，包括标题、按语、主体、结尾和穿插在叙述中的背景材料。除了消息外，还有别的文体。因此，并不是每篇简报都有这几项内容。

1. 标题

简报的标题比较灵活，应力求做到生动、形象、简明、醒目，并能揭示主题。

2. 按语

简报的按语是简报的编者围绕所编发的稿子，提出看法，表明态度，或提供背景材料，让读者加深对问题的理解。其写法有叙述式、描写式、评论式、提问式、结论式等。按语可分为编者按和编后两种，无论是编者按还是编后，都应力求简洁、精练，以事实说话。编者按属评论性文章，是编者代表简报的主办机关对一些重要事实表明态度、看法，或介绍有关情况。编者按没有题目，在其开头部分，常用比正文大一号的字体排列的"按语""编者按""编者按语"加以显示。编者按主要具有两个方面的功能：一是根据上级有关精神或当前工作中需要注意的问题，对有关重要事实表明态度和看法，明确提倡什么，否定什么，哪些经验值得推广，哪些问题应当引起注意，对工作具有重要的指导意义；二是对简报中文章的背景、相关状况加以交代，或对某些问题作增补性说明。

3. 主体

主体是简报的主要部分，其任务是用足够的、典型的、富有说服力的材料把按语的内容加以具体化。因此，简报的编发者要善于抓要害，抓主导，抓全局性、指导性的问题，抓问题的核心、关键。"工作简报"要着重反映工作概况、做法、效果、体会和经验等；"情况简报"要着重反映情况的背景、具体问题和应对措施等；"会议简报"要着重反映会议的进程、议题、决议、发言要点等；"动态简报"要着重反映与本单位工作有关的正反两方面的新情况、新动向、新问题。

4. 结尾

或指明事情发展趋势，或提出希望及今后打算。如果主体部分已经把事情说清楚，可不再另写结尾。

5. 背景

背景就是对人物、事件起作用的环境条件和历史情况。它可以穿插在文章的各个部分。

（三）报尾

在简报最后一页下部，用一横线与报核隔开。横线下左边写明发送范围，在平行的右侧写明印刷份数。

【结构模板】

×× 情况简报
（第三期）

×××× 编　　　　　　20×× 年 ×× 月

编者按：20×× 年度《×× 简报》开办以来，许多单位积极投稿，大力支持简报组的工作。有的及时反映本单位 ×× 工作的进展情况，有的大力探索抓好 ×× 工作的有效途径，有的认真研究如何解决 ×× 工作中出现的新问题。可以说，《××简报》起到了打开思路、拓宽视野、宣扬典型、校正纠偏的桥梁作用。信息交流中，许多单位认真学习好的做法，仔细分析本单位存在的不足，勇于揭短亮丑，及时纠正偏差。为了进一步提升简报质量，××简报组将对各单位来稿情况进行统计，并及时通报有关情况。希望各单位与简报组加强联系，踊跃投稿，共同促进××质量的提高。

【来稿选登】

……

【点评】

模板是一则情况简报，全面阐述了××简报组的工作情况。按语部分简述了简报开办以来，所取得的成绩。主体部分介绍了××工作中出现的新情况、新问题、下一步工作措施。结尾部分提出希望，发出号召，展望未来。

四、简报写作的注意事项

简报写作的总体要求是：简明扼要，内容集中，语言简洁准确，重点明确，编发快速及时。

（一）材料典型

简报的主要作用是反映情况，为领导决策提供依据，沟通信息，交流经验，促进工作开展，等等。简报的作用决定了其在选材上一定要典型。

一是政策性要强。简报要体现并宣传国家的方针、政策，要为政策的贯彻落实服务，这是收集编写简报的基本要求。但其所选取的材料必须真实，不能为了政策的需要而虚构编造，歪曲事实真相。

　　二是问题要突出。反映问题的简报应当反映出问题的实际情况，分析问题产生的原因，提出解决问题的办法措施。唯有如此，才能对工作有推动作用。

　　三是经验值得推广。无论是创造出来的新经验，还是在原有基础上有所发展的经验，都应当反映出产生经验的背景条件和工作成绩，绝不能只讲成绩，不谈经验，而应突出经验。简报介绍的经验不仅要先进、具体，值得学习、借鉴，而且必须服务于工作中心，对当前的工作有推动作用。

（二）内容集中

　　简报所编发的内容应当集中突出，只有内容集中，才能突出中心。多个中心，必将影响到简报作用的发挥。

　　一是提倡一事一报。"一事一报"是指对一些动态事实——编发，将某一问题说清写透；不应把动态性的东西，东拼西凑硬写成经验性简报。

　　二是把主题说清说透。一篇简报只能有一个主题，要围绕主题安排材料，一切材料都要为主题服务。凡是与主题关系紧密的材料为主要材料，写作时，既要有广度，又要有深度。

（三）题目精练

　　简报的题目同新闻的标题一样重要，是文章的眼睛，需要精心拟制。简报的题目既要能够揭示主题，又要精练、醒目，使人一看就知道文章的中心内容。

（四）按语精练

　　编者按是编者代表简报的主办机关对一些重要事实表明态度、看法，或介绍有关情况，既要以事实说话，又要简洁精练，讲究表达艺术，切忌以势压人。

第五节　述职报告的写作

述职报告是工作报告中的总结性报告,是任职者陈述自己任职情况,评议自己任职能力,接受上级领导考核和群众监督的一种应用文,具有汇报性、总结性和理论性的特点。

一、述职报告的特点

(一)内容的确定性

述职报告的内容必须以"职"为其所"述"的对象,即必须以自己对一定时段所在岗位的行为规范、岗位职责、目标任务的履行情况作为报告内容。述职报告是述职者实践活动的产物,它不仅需要定性分析,更要有定量的证明,必须从德、能、勤、绩、廉等方面进行报告。

(二)时间的限定性

述职报告有严格的时间界限。一是述职的内容、材料必须限定在任职的期限内。二是报告时间的限制性,述职者必须按照考核时间的要求写出书面报告,向本部门群众宣读并上交上级有关部门。

(三)主体的特指性

述职主体以第一人称陈述自己的任职情况,主要包括履行岗位职责情况,完成工作任务情况,问题与不足,并作出自我评价与自我鉴定。

二、述职报告的分类

述职报告可以从不同的角度进行分类，其分类方式之间存在交叉现象。

（一）从时间上划分

（1）任期述职报告。陈述担任现职以来的总体工作情况。一般来说，时间较长，涉及面较广，要写出一届任期的情况。

（2）年度述职报告。陈述本年度的履职情况。

（3）临时性述职报告。陈述担任某一项临时性职务期间的任职情况。

（二）从内容上划分

（1）综合性述职报告。报告内容是一个时期所做工作的全面、综合的反映。

（2）专题性述职报告。报告内容是对某一方面工作的专题反映。

（3）单项工作述职报告。报告内容是对某项具体工作的汇报。这既是临时性工作，又是专项性工作。

（三）从任职情况上划分

（1）任职述职报告。又可分为定期例行述职报告和不定期述职报告两种。前者如每年年底或任期已满时，总结考核工作时使用的述职报告；后者如上级视察时，责令领导干部所做的述职报告。

（2）晋职述职报告。在选拔领导干部或晋升到上一级职务或职称时，汇报工作业绩，陈述晋升条件，以供有关方面评估鉴定、遴选时使用的述职报告。

（3）离职述职报告。担任一定职务的领导干部或有关人员在离任时，全面汇报任期工作情况，接受有关部门监督审查的述职报告。

三、述职报告的结构和写法

述职报告一般由标题、称谓、正文、落款四部分组成。

（一）标题

（1）以文种为标题。如《述职报告》。

（2）述职者 + "述职报告"。如《×××述职报告》。

（3）述职者 + 时限 + "述职报告"。如《张××20××年度述职报告》。

（4）正副标题写法，一般是正题揭示主题，副题揭示调查的事件或范围。如《恪尽职守，尽力而为——王××20××年度述职报告》。

（二）称谓

即述职者面对的对象或呈报的部门。工作述职报告一般要当众宣读，故应使用恰当的称呼，常见的有"领导、同志们""各位领导"等。评审类述职报告的称谓是"各位委员、各位代表、各位专家"。

（三）正文

述职者从德、能、勤、绩、廉五个方面，全面阐述自己在任期内的履职情况。其基本结构包括开头、主体和结尾。

1.开头

主要包括两方面的内容：一是任职介绍，简述自己的任职时间、担任职务和主要职责，以及述职的内容和范围；二是任职评价，扼要介绍任职以来的工作状况，并作出总体评价。

2.主体

这是述职报告的重点，也是组织和群众对述职者进行评议的主要依据。

述职报告一般要当众宣读或呈送给上级领导审阅，具有很强的透明性，其写作质量的高低直接反映着述职者的工作实绩、态度和基本素质，甚至影响到述职者的形象和前程，一定要精心构思。

述职者应从德、能、勤、绩、廉五个方面，对自己在任期内的履职情况进行全面回顾，要重点介绍有代表性的工作业绩，深刻剖析自身的不足，明确今后的努力方向。写作时，要注意区分点与面、集体与个人之间的关系，既讲集体之功，又讲自己之绩，更讲述自己在集体中承担的职责、所做的工作、取得的成绩、为集体所做的贡献，防止把个人述职报告写成单位工作总结。

述职报告的主要表达方式是"述"，即述说自己履行职责的情况，在职权范围内做了哪些开拓性的工作。在"述"的同时，也要有适度的"评"。"评"就是鉴定工作、评价自我。"述"是"评"的基础，"评"是"述"的升华。无论是先述后评、先评后述还是边述边评，都应以观点统率材料，用材料印证观点。需要注意的是，"述"的内容应当有详有略。凡重点工作、经验、体会或问题等，一定要有理有据，充实具体，而对一般性、事务性的工作，概括说明即可。

主体部分常用的结构形式有三种：

一是横式结构。按照事物的性质和逻辑关系组织材料，多角度、全方位地表现述职人的工作情况。这种结构的关键是要安排好述职人的各项工作的内在逻辑关系，分清主次，摆正因果。任职时间较长、职责范围较宽的述职报告，宜采用横式结构。

二是纵式结构。一般按照时间顺序、工作进程和事物发展的逻辑顺序来安排内容，主要用于工作阶段较为明显的工作岗位的述职报告中。

三是纵横交叉式结构。既考虑工作的时间顺序，又考虑工作之间的内容逻辑关联，先将所有工作归纳为几个专题，再围绕着每个专题，按照工作展开的先后顺序进行陈述。采用这一结构时，一定要注意条理清晰、顺序得当。

3. 结尾

通常用"以上述职，不妥之处，请领导和同志们批评指正"作结。也可简述对于自我的评价，并表明自己的态度，最后以"谢谢大家"作结。

（四）落款

在正文的右下方，注明述职者所在单位的全称、职务、姓名；另起一行标注述职日期。

【结构模板】

个人述职报告

各位领导、同志们：

我叫×××，现任……下面，按照……要求，汇报一下任职……以来的有关情况。

一、政治思想情况

……

二、履职尽责情况

……

三、廉洁自律情况

……

四、存在的不足及努力的方向

……

以上述职，不妥之处，敬请领导和同志们批评指正。谢谢大家！

述职人×××

20××年××月××日

【点评】

模板开头部分简述了自己的身份和岗位职责。主体部分采用横式结构，依次阐述了自己的政治思想情况、履职尽责情况、廉洁自律情况、存在的不足及努力的方向。结构严谨，条理清楚，语言精练流畅。

四、述职报告写作的注意事项

（一）实事求是，求真务实

述职报告要讲真话，讲实话，实事求是地反映自己的履职情况，既不要自吹自擂，也不要过分谦虚。此外，还要正确处理好个人与集体、主观与客观的关系。

（二）叙议结合，总结规律

述职报告并不是把已经发生的事实简单地罗列在一起，而是对搜集的事实、数据、材料等进行整理、分析、研究。通过这一过程，从中找出带有普遍性的规律，并将其作为未来行动的向导。述职报告中规律性的认识，是从实际出发的认识，实践理性很强，不需要很高的思辨性。因此，是否具有理论性、规律性，是衡量一篇述职报告好坏的重要标准。

（三）内容周详，重点突出

述职报告应在全面汇报任职期间所做各项工作的基础上，突出任职期间的重大成绩和创造性业绩，以表明自己的胜任和事业心。因此，述职报告必须围绕"职责"二字做文章，必须以履行职责方面的情况为重点，突出表现德、才、能、绩。

（四）态度诚恳，情理相宜

述职报告一般要当众宣读或呈送给上级领导审阅，具有很强的透明性。因此，写作时要态度诚恳，原原本本地反映自己履行职责的状况，既不夸大成绩，也不掩盖问题。同时，在叙事说理的过程中，要有适度的感情色彩。

五、述职报告与总结的写作区别

个人述职报告和个人总结既有联系，又有区别。二者的相同之处是：它们都是为了总结经验教训，都要求事实材料和观点紧密结合。从某种程度上说，个人述职报告的内容基本上来自总结，其还借鉴了总结的某些写作方法。二者的区别在于：

（一）写作目的不同

总结作为常规性的工作回顾，主要目的是总结成绩，发现问题，找出带有普遍性的规律，并将其作为未来行动的向导。而述职报告是上级主管领导、人事部门或有关评审组织对述职者进行任职期间业绩和能力的考核，也是群众评议的基础。因此，述职报告写作要比照某一岗位的职责来写，要对自己任期内履行岗位职责时所表现出的德、能、勤、绩、廉等方面的情况进行自我评估，要自觉接受领导的考核和群众的评议。

（二）回答的问题不同

总结要回答的是做了什么工作，取得了哪些成绩，有什么不足，有何经验、教训等。述职报告要回答的是履行了哪些职责，履行职责的能力如何，是怎样履行职责的，称职与否等。

（三）写作重点不同

个人总结的重点在于全面归纳工作情况，体现工作实际情况；述职报告则必须以履行职责方面的情况为重点，突出表现德、才、能、绩。

（四）表述方式不同

总结主要运用叙述的方式和概括的语言，归纳工作结果。述职报告则采用夹叙夹议的写法，既表述履行职责的有关情况，又说明履行职责的出发点和思路，还要陈述处理问题的依据和理由。

思考题五

1. 计划的种类有哪些？

2. 计划的核心内容是什么？

3. 总结的主要作用是什么？

4. 总结与工作报告有哪些区别？

5. 调查报告的种类有哪些？

6. 简报与新闻报道有哪些区别？

7. 述职报告与个人总结有哪些区别？

附录　常用公文写作常见表达错误

一、常见字词错误

1. "按部就班" 误写作 "按步就班"

错例：必须打破按步就班的传统组训方式。

解析："部" 有 "安排、布置" 的意思，"按部就班" 指 "按照一定的步骤、顺序进行"。"按步就班" 是同音误用。

2. "爆发" 与 "暴发" 混用

错例：伊拉克暴发大规模示威游行。

错例：医疗机构要充分认识医院感染爆发信息报告在及时控制医院感染爆发事件和全面掌握医院感染爆发客观规律等方面的重要作用。

解析："爆发" 指因爆炸而发生，如 "火山爆发"；亦指像爆炸一样突然发生的社会事件，如 "爆发起义"。"暴发" 指突然发生，多用于洪水、疾病等，亦指突然得势或发财。

3. "报道" 误写作 "报导"

错例：《中国反贫困斗争的伟大决战》系列报导引发社会热。

解析："报道" bào dào 与 "报导" bào dǎo 词义相近，提倡用 "报道"。

4. "抱怨" 误写作 "报怨"

错例：同志们没有因困倦或者饥饿而报怨，反而在黑夜中显得更加精神。

解析："抱怨"指心中不满，数说别人的不对。"报怨"中的"报"指"回报"，如"以德报怨"。

5. "百感交集"误写作"百感交积"

错例：当受阅车顺利通过检阅台那一刹那，心中百感交积、万分激动。

解析："百感交集"指各种感情、感慨交织在一起。"百感交积"是同音误用。

6. "倍"误用于表示减少

错例：《厉行节约严格经费管理的规定》出台以来，**不必要经费开支减少了一倍。

解析："倍"字只用于表示增加的场合。"减少了一半"亦可写作"减少了50%""减少了五成"等。

7. "必须"与"必需"混用

错例：打仗从来都是狭路相逢勇者胜，革命军人必需有一不怕苦、二不怕死的精神。

错例：这些都是生活必须品。

解析："必须"多指一定要，通常用来修饰其他表示动作行为的词语，如必须好好学习。"必需"多指一定都有，后面多跟表示事物名称的词，可以单用，也可构成"必需品"等词。

8. "挖墙脚"误写作"挖墙角"

错例：挖墙角是获得好人才最快最直接的办法。

解析："墙角"指两堵墙相交接所形成的角；"墙脚"指墙基，"挖墙脚"就是拆除墙基，比喻从根本上加以破坏。"挖墙角"是同音误用。

9. "表率"误写作"表帅"

错例：领导干部要带头做好表帅，自觉把权力关进制度的"笼子"。

解析："表"是"榜样、模范"的意思，"率"是"楷模"的意思。"表率"是名词，指"好榜样"。"表帅"是同音误用。

165

10. "编纂"与"编撰"混用

错例：《"情系边疆"获奖作品选集》正在紧张征稿、编撰之中。

解析："编纂"指对资料或作品进行整理和加工，不进行撰写。"编撰"指编纂和撰写，包含"编"和"写"两部分内容。

11. "播撒"与"播洒"混用

错例：它所承载的精神力量也被播洒在每一代青年人心中。

解析："播洒"多用于具体事物，如"播洒雨露"。"播撒"既可用于具体事物，亦可用于抽象事物，如"播撒爱国种子"。

12. "博弈"误写作"搏弈"

错例：疫情不是政治搏弈工具。

解析："博弈"本义是指下棋，引申为人与人之间为自身利益最大化而施展的各种手段。"搏弈"是同音误用。

13. "拨乱反正"误写作"拨乱返正"

错例：拨乱返正是党的十一届三中全会前后发生的历史事件。。

解析："拨乱反正"指消除混乱局面，恢复正常秩序。"反"通"返"，是"恢复"的意思。"拨乱返正"是同音误用。

14. "不利"与"不力"混用

错例：未来三天气象扩散条件不力，空气质量转差。

错例：日前，住房和城乡建设部、国家文物局通报批评了"历史文化名城"保护不利的城市。

解析："不利"指不顺利、有害处，如"出师不利"。"不力"指不尽力或不得力，如"领导不力"。

15. "部署"误写作"布署"

错例：当前，面对新型冠状病毒感染的肺炎疫情加快蔓延的严重形势，各地各部门全面动员，全面布署，加强联防联控，采取切实有效措施，确保防控工作有力有序、科学周密推进。

解析："部署"为处理、安排之意，常被误写为"布署"。

16．"不徇私情"误写作"不殉私情"

错例：引导党员干部一身正气、一心为公，胸怀坦荡、不殉私情。

解析："徇"是"曲从"的意思，"不徇私情"指不曲从私人交情，为人公正。"殉"是为了某种目的而牺牲生命，"不殉私情"是同音误用。

17．"彩"与"采"混用

错例：某航空大学的跳伞表演队随后进行了精采的跳伞表演。

解析：一般来说，在表示具体事物时用"彩"，如"剪彩""彩排"。在表示抽象意义时用"采"，如"神采""兴高采烈"。

18．"主旋律"误写作"主弦律"

错例：2019年国庆期间，《我和我的祖国》《攀登者》《中国机长》三部主弦律影片集中上映，获得广泛好评。

解析："主旋律"指多声部音乐作品中的主要曲调，也用来比喻基本的观点、主要的精神。"主弦律"是同音误用。

19．"长年累月"误写作"常年累月"

错例：常年累月的埋伏与周旋，把游击战争与秘密工作结合在一起。

解析："长年累月"是成语，出自高缨《云崖初暖》。"长年"是"一年到头，整年"的意思，指过了很长时间。"常年累月"是同音误用。

20．"成分"与"成份"、"身份"与"身分"混用

错例：随着兵员成份的变化，如今，高校已成为我军兵员的重要储备地。

错例：面对新时代部分党员身分意识淡化和弱化的问题，必须聚焦问题、对症下药，采取有效措施培育和强化党员身分意识，为推动党的建设新的伟大工程奠定坚实的基础。

解析：现在一般写成"成分""身份"。

21．"臭气熏天"误写作"臭气薰天"

错例：满是蚊虫的草丛中，臭气薰天的污水沟里，起伏不定的橡皮艇上，都成了他狙击训练的准战场。

解析："熏"指臭气，"臭气熏天"指浓重的臭气。"薰"指香草，或花

草的香气。"臭气薰天"是同音误用。

22."璀璨"误写作"璀灿"

错例：汉字是中华民族智慧的结晶，是中华文化最璀灿的瑰宝。

解析："璀璨"指珠玉等光彩鲜明，非常绚丽；也用于人或事物。"璀灿"是同音误用。

23."篡改"与"窜改"混用

错例：日本强征慰安妇是铁证如山的史实，历史是任何人窜改不了的。

解析："窜改"指改动、删改，一般指改动文字等。"篡改"指用作伪的手段改动或曲解，一般指曲解或改动历史、理论、经典著作精神、学说、政策等。

24."绌"与"拙"混用

错例：中山舰是服役25年的老舰，加上又是在狭窄的江面上与日机作战，所以左支右拙难以对付。

解析："绌"是"不足"的意思；"支绌"是指经费不够分配。"拙"是笨拙。

25."待价而沽"误写作"待价而估"

错例：印方待价而估，打算据此从美获取更多的先进武器和技术甚至战略利益。

解析："沽"是"卖"的意思；"待价而沽"指等有好价钱才卖，比喻有好的待遇才答应任职或做事。"待价而估"是同音误用。

26."淡泊名利"误写作"淡薄名利"

错例：党员干部只有清心寡欲、淡薄名利，面对诱惑才能心存淡定，头脑冷静。

解析："淡泊"表示不看重，具有动词性质，可以支配宾语。"淡泊名利"是指不在意、不追求功名利禄。"淡薄"表示不浓厚、不亲密，具有形容词性质，可以用作谓语，如"人情淡薄"。"淡薄名利"是同音误用。

27."颠覆"误写作"颠复"

错例：随着人工智能技术的不断成熟以及未来无人自主作战平台的大量

运用，无人作战将成为一种颠复性的新型作战样式。

解析："颠覆"指翻倒或推翻、摧毁。"颠复"是同音误用。

28."订"与"定"混用

错例：前期专家组集中制（修）定了人才培养方案，将于近日提交全院教学工作会议讨论审议。

错例：时刻将人民利益放在首位，明白人民真正的需求是什么，这样才能制订正确的、有利于人民的政策。

解析："订"大多指经过商讨而订下，商讨的成分很大。如合同、条约、规章等用"制订"。如果是可以确定或已经确定了的，用"定"。"制订"强调方案、计划等的形成过程；"制定"强调法规等的定型和拍板定案。此外，合同、条约前，只能用"签订"。

29."断章取义"误写作"断章取意"

错例：网上网下诋毁英雄的现象时有出现，有些人恶意曲解相关报道，断章取意，令人气愤！

解析："断章取义"指不顾全篇文章或谈话的内容，孤立地截取其中的一部分，与原意并不相符。"断章取意"是同音误用。

30."渡过"与"度过"混用

错例：我们要齐心协力度过难关。

解析："渡"的本义是过河，着重在空间，如"横渡长江"；引申为通过，如"渡过难关"。"度"着重在时间，如"欢度春节"。

31."遏制"与"遏止"混用

错例：利用海洋争端牵制、遏止中国的发展，是美日澳三国共同的目标。

解析："遏制"指尽量控制事件发生，着重于压制住，不使其发作。"遏止"指尽量阻止事件发生，着重于使其停止。

32."反应"与"反映"混用

错例：提高立体突击、快速反映、远程机动能力。

错例：我们已经把大家的意见反应给有关部门。

解析："反应"是被动的行为，是刺激的结果。"反映"是自觉的、主动的行为。

33."妨碍"误写作"防碍"

错例：防扩散不应防碍各国和平利用科学技术的正当权益。

解析："妨"是"干扰"的意思；"妨碍"指干扰、阻碍，使事情不能顺利进行。"防"是"防止"的意思；"防碍"是同音误用。

34."奋"与"愤"混用

错例：赶超世界一流的雄心壮志，激荡起亿万军民昂扬愤进的豪情。

解析："奋"是奋发、奋斗。"愤"是愤慨、发愤。

35."分"与"份"混用

错例：身在军营，打赢是主业，精武是本份。

解析："分"读作"fèn"时，主要有五层意思：①表示物质成分，如"水分"。②表示重量，如"分量"。③表示格外，如"分外明亮"。④表示职责或权限，如"守本分""过分"。⑤表示具有某种特征的人，如"知识分子""不法分子"。"份"主要有四层意思：①表示行政区划，如"省份"。②表示时间，如"年份"。③表示量，如"一份礼物"。④表示整体中的一部分，如"股份"。

36."飞扬跋扈"误写作"飞扬拔扈"

错例：门口站着飞扬拔扈、全副武装的日本宪兵。

解析："跋扈"是"蛮横，霸道"的意思；"飞扬跋扈"原指举止放荡高傲，现用来形容骄横放纵。"飞扬拔扈"是同音误用。

37."各行其是"误写作"各行其事"

错例：如果管理不严，党员干部就会松垮懒散、各行其事，甚至在形形色色的诱惑面前蜕化变质，这是对干部的不负责。

解析："各行其是"是指各人按照自己认为对的去做。"各行其事"是同音误用。

38."观摩"与"观摹"混用

错例：这次全省机关党建示范观摹活动是一个创新之举，让我们找到了标杆，看到了差距，学到了经验。

解析："观摹"指照样子写画，特指用薄纸蒙在原字或原画上写或画。"观摩"则是切磋、研究的意思。

39."好高骛远"误写作"好高鹜远"

错例：要坚持理论联系实际，既开阔视野又不跟在别人后面亦步亦趋，既开动脑筋又不脱离实际好高鹜远……

解析："骛"是"追求"的意思；"好高骛远"指不切实际地追求过高过远的目标。"好高鹜远"是同音误用。

40."寒暄"误写作"寒喧"

错例：没有寒喧，不听汇报，检查考核组一下车就兵分三路，直奔训练考核现场。

解析："暄"是"暖"的意思；"寒暄"指嘘寒问暖的客气话。"喧"是大声说话的意思，"寒喧"是同音误用。

41."汗流浃背"误写作"汗流颊背"

错例：时值三伏天，一场演练下来，大家汗流颊背，但工作热情丝毫不减。

解析："浃"是"湿透"的意思；"汗流浃背"指出汗很多，背上的衣服都湿透了，也用来形容非常恐惧。"颊"指"脸的两侧"，"汗流颊背"是同音误用。

42."会合"与"汇合"混用

错例：中国海军第二批护航编队在亚丁湾东部海域与刚完成第40批护航任务的首批护航编队顺利汇合。

错例：要根据三江会合处的有利地形进行战斗部署。

解析："会合"含有相会、见面的意思，如"两军会合"。"汇合"多用于水流聚集或类似的喻义，如"三江汇合""人民的意志汇合成巨大力量"。

43."棘手"与"辣手"混用

错例：他在操作动力舟桥时，遇到一个辣手问题。

解析："辣手"指狠毒。"棘手"指困难。

44."急待"与"亟待"混用

错例：中国 GPS 行业的混战局面使得产品质量监管缺失，质量参差的 GPS 产品使得很多消费者蒙受伤害，亟待规范化。

解析："急待"与"亟待"的主要区别在于：前者强调时间的紧迫性；后者则更强调意义的重要性。此外，"亟待"还包含问题的严重性已达极点。

45."记取"与"汲取"混用

错例：对我来说，这是一个值得永远汲取的惨痛教训。

错例：积极用好"焦裕禄"精神这面镜子反思自己身上存在的差距和不足，从"焦裕禄"身上记取前行的力量。

解析："记取"多指记住，多用于对自己或内部的事或现成的经验教训的牢记；"汲取"多指吸取，多用于对他人或外部的经验教训的吸收。前者强调强记；后者强调在加工、提高基础上的吸取。

46."戛然而止"误写作"嘎然而止"

错例：这支乐曲，旋律急促，气势宏伟，当推向高潮时，又嘎然而止，让人回味无穷。

解析："戛"是象声词，形容声音突然中止。"嘎然而止"是同音误用。

47."佳"与"嘉"混用

错例：他们不忘初心、牢记使命，坚守岗位、担当奉献，用辛劳和付出守护好万家平安，确保人民群众度过一个安定祥和的新春嘉节。

解析："佳"是"美"的意思，如佳节。"嘉"是"善"的意思，如嘉宾。

48."矫揉造作"误写作"娇柔造作"

错例：不作假，不作秀，既不牵强附会，也不娇柔造作。

解析："矫"的意义是使弯曲的物体变直；"揉"的意义是使直的物体变弯曲。"矫揉造作"比喻故意做作，极不自然。"娇柔造作"是同音误用。

49."交代"与"交待"混用

错例：要彻查追责，给遇难者家属和历史一个交待。

错例：领导一再交待我们要按政策办事。

错例：干部转岗前，工作一定要交待清楚。

解析："交代"主要有四层意思：①移交、接替，如交代工作。②嘱咐、吩咐。③说明、解释，如交代问题、交代政策。④说法。"交待"有三层意思：①交际接待，如交待无礼。②吩咐、说明，如他话也没交待一句就走了。③交账、应付，如把这些事做完，一天工作就交待了。

50."剑拔弩张"误写作"箭拔弩张"

错例：在各方努力下，箭拔弩张的朝鲜半岛形势出现了一些缓和迹象。

解析："剑拔弩张"指剑出鞘，弩张开，比喻形势紧张，一触即发。"箭拔弩张"是同音误用。

51."检察"与"监察"混用

错例：经过初步核实，对检察对象涉嫌职务违法犯罪，需要追究法律责任的，监察机关应当按照规定的权限和程序办理立案手续。

错例：各地纪检检察机关聚焦群众关切，紧盯重点领域重点工作，坚持靶向纠治；下沉监督，上下联动，统筹衔接，深挖彻查突出问题。

解析："检察"与"监察"存在三方面的区别：①方式不同，前者是审查，后者是监督；②对象不同，前者是被检举的犯罪事实，后者是机关及其工作人员的日常工作；③主体不同，前者是司法机关，后者不是。

52."截止"与"截至"混用

错例：报名今天截至。

错例：截止今天报名人数已达一万。

解析："截止"表示到某个时间停止，强调停止。"截至"表示停止于某个时间，强调时间，其后面须带时间词语（做宾语）。"截止今天"应改为"截至今天"或"截止到今天"。

53."戒骄戒躁"误写作"戒骄戒燥"

错例：如果不能在已有胜利的基础上戒骄戒燥，坚持继续奋斗，就可能前功尽弃，甚至走向全面覆亡。

解析："燥"是"干燥"的意思。"躁"是"急躁"的意思。"戒骄戒燥"是同音误用。

54."决不"与"绝不"混用

错例：各级坚持把纪律规矩挺在前面，模范践行"五个必须、五个绝不允许"要求，做政治上的明白人。

错例：军队是拿枪杆子的，军中决不能有腐败分子藏身之地。

解析："决不"含有决心不、一定不的意思，多强调坚决否定的主观态度，如"决不妥协""决不让步"。"绝不"则含有"绝对不"的意思，多强调客观上的完全不可能，如"绝不可能"。

55."滥"与"谰"混用

错例：菲方为了达到诉讼目的，不惜编造无耻滥言，精心炮制了一系列根本经不起推敲、完全站不住脚的历史证据。

解析："滥"是浮辞，如"陈词滥调"。"谰"是谩语，如"无耻谰言"。

56."邻近"与"临近"混用

错例：擅自进入中国南沙群岛有关岛礁临近海域。

解析："临近"指时间接近、地点接近、接近的动作。"邻近"只表示空间位置上的接近。

57."乱用"与"滥用"混用

错例：严禁乱用职权，违规插手干预征兵事务、随意调整兵员去向。

解析："乱用"指任意地、随便地使用。"滥用"指过度地、没有限制地使用。

58."起用"与"启用"混用

错例：尽快启用一代新人。

错例：新疆空管局新疆通航服务云平台作业审批系统正式起用。

解析："起用"涉及的对象主要是"人"，如"起用新人"。"启用"涉及的对象主要是"物"，如"新船闸启用"。

59.　"启示"与"启事"混用

错例：他的实践启事我们，只有不断从党的强军思想里汲取营养，才能不忘初心、砥砺前行……

错例：招聘启示

解析："启示"指启发、指示，使人有所领悟，如"得到启示"。"启事"指为了公开声明某事而登在报刊或贴在墙壁上的文字，如"寻物启事"。

60.　"期间"与"其间"混用

错例：确保调整改革其间指挥链始终不断线。

错例：格桑花海映美皖南塔川古村落，徽派民居镶嵌期间。

解析："期间"是指"某段时间内"，其前面必须加表示时段的修饰语，如"改革期间"。"其间"是"其中"的意思，可用于指时间、空间或其他方面。

61.　"权利"与"权力"混用

错例：法律保护妇女的合法权力，包括劳动的权利，受教育的权利等。

错例：企业负责人权利扩大后，还必须立法来保障群众的合法权益。

解析："权利"指依法享受的权益。"权力"指政治上的强制力量或职责范围内的支配力量。"权力"经常充当"行使""使用"等的宾语，而"权利"经常充当"享受""享有"等的宾语。

62.　"树立"与"竖立"混用

错例：领导者如不竖立信赏必罚的威信，就很难使下面的人心悦诚服。

错例：特警狙击手命中25米外烟头，香烟仍保持树立。

解析："树立"多指抽象的东西，如"树立榜样"。"竖立"多指具体的东西，如"竖立纪念碑"。

63.　"下功夫"误写作"下工夫"

错例：紧贴新毕业学员实际，坚持思想领先，在固本培元、凝魂聚气上下工夫。

解析："功夫"指本领、造诣，做事花费的时间和精力；"下功夫"是指为了达到某个目的而花费很多的时间和很大的精力。而"工夫"主要和时间有关，不存在"下工夫"之说。

64. "泄露"与"泄漏"混用

错例：泄漏举报人信息应以泄漏国家秘密罪追责。

错例：广武门天然气泄露，消防官兵紧急驰援。

解析："泄露"多指泄露抽象的东西，如泄露机密、泄露考题等。"泄漏"多指泄漏比较具体的东西，如泄漏气体、液体等。

65. "以至"与"以致"混用

错例：科威特富甲全球，但国防虚弱，以至被伊拉克几小时之内占领。

错例：美军士兵扔枪罢战、绝食自伤以致开火对抗的事件不断发生。

解析："以至"与"以致"主要有两个区别：第一，"以至"表示时间、数量、程度、范围上的递增或递减，相当于"直到"。"以致"没有类似的用法。第二，两个词都可作连词，用在复句的后一个分句的开头，"以致"多表示由前一个分句所说的原因而造成某种结果，多指不良结果或者不希望出现的结果。"以至"表示由前一个分句所说的情况而产生某种结果。

66. "侦察"与"侦查"混用

错例：美军的严密侦查，将使中俄军演更贴近实战。

错例：检察机关侦察工作座谈会在总结交流经验的同时，就进一步推动职务犯罪侦察工作进行了研究部署。

解析："侦察"常用于军事、作战等方面。"侦查"常用于公安、检察、司法等部门以及与破案有关的方面。

二、常见标点错误

一、标示公文发文字号中的发文年份时未使用六角括号

错例：根据国发 [2022]261 号命令……

根据国发〔2022〕261 号命令……（正确）

解析：标示公文发文字号中的发文年份时，应当标全称，并用"〔〕"括入。

二、括号中套用相同括号

错例：围绕年度政治工作要点，认真总结年度工作，科学谋划明年工作。（责任单位：各处（室））

围绕年度政治工作要点，认真总结年度工作，科学谋划明年工作。[责任单位：各处（室）]（正确）

解析：同一形式的括号应尽量避免套用。必须套用括号时，应采用不同的括号形式配合使用。

三、多个引号或书名号并列时使用顿号分隔

错例1：应读书目有《论语》、《物种起源》、《全球通史》、《史记》、《孙子兵法》、《三国演义》。

应读书目有《论语》《物种起源》《全球通史》《史记》《孙子兵法》《三国演义》。（正确）

错例2：一大批正风肃纪政策规定的出台，使部队建设各个领域、领导用权各个方面都有了明确规定，"钻空子"、"打擦边球"的空间越来越小，"走后门"、"行潜规则"的可能性大大降低。

一大批正风肃纪政策规定的出台，使部队建设各个领域、领导用权各

个方面都有了明确规定，"钻空子""打擦边球"的空间越来越小，"走后门""行潜规则"的可能性大大降低。（正确）

解析：标有引号的并列成分之间、标有书名号的并列成分之间通常不用顿号。若有其他成分插在并列的引号之间或并列的书名号之间，宜用顿号。

四、在标示数值和起止年限时使用连接号不规范

错例1：制定并实施**2022年前发展建设规划（2017-2022年）。

制定并实施**2022年前发展建设规划（2017—2022年）。（正确）

错例2：要加快工程进度，确保**学院新校区3-5年内建成。

要加快工程进度，确保**学院新校区3～5年内建成。（正确）

解析：标示时间、地域的起止一般用一字线（占一个字符位置），标示数值范围起止一般用浪纹线。

五、二级标题在换行分段情况下使用句号

错例：（四）铸魂。

一支人民军队，唯有不忘初心……

（四）铸魂

一支人民军队，唯有不忘初心……（正确）

解析：二级标题在换行分段时不使用句号。如使用句号，则不需要换行分段。

六、在并列分句中，使用句号后再使用分号

错例：一是要确立为战教战的观念。把为战教战作为教学的基本任务；二是要确立能力为本的观念。把培养学员的学习能力、实践能力和创新能力作为人才培养的导向。

一是要确立为战教战的观念。把为战教战作为教学的基本任务。二是要确立能力为本的观念。把培养学员的学习能力、实践能力和创新能力作为人

才培养的导向。（正确）

　　解析：分项列举的各项已包含句号时，各项的末尾不能再用分号。

七、在图、表说明文字末尾使用句号

错例：

序号	大项 工程	使用 经费	责任 单位	经办人	备注
1					
2					
说明	以上各项数据统计截止时间为 2017 年 12 月 31 日。				

序号	大项 工程	使用 经费	责任 单位	经办人	备注
1					
2					
说明	以上各项数据统计截止时间为 2017 年 12 月 31 日（正确）				

　　解析：图、表的短语式说明文字中间可用逗号，但末尾不用句号。说明性文字较长时，即使前面的语段已出现句号，最后结尾处仍不用句号。

八、句内括号行文末尾使用标点符号不当

　　错例：为加强对全区查处取缔无证无照经营综合治理工作的领导，决定成立 ×× 区查处取缔无证无照经营综合治理工作领导小组（领导小组组长由常务副区长兼任，副组长由 ×× 局局长兼任。），负责该项工作的协调处理。

　　为加强对全区查处取缔无证无照经营综合治理工作的领导，决定成立

××区查处取缔无证无照经营综合治理工作领导小组（领导小组组长由常务副区长兼任，副组长由××局局长兼任），负责该项工作的协调处理。（正确）

解析：括号内行文末尾需要时，可用问号、叹号和省略号。除此之外，句内括号行文末尾通常不用标点符号。

九、附件名称后使用标点符号

错例：附件：1.《关于……的通知》；

附件：1.《关于……的通知》（正确）

解析：附件名称后不用任何标点符号。

十、约数之间使用顿号和明确部门之间省略顿号

错例1：事故发生于下午三、四点钟……

事故发生于下午三四点钟……（正确）

错例2：这一方案是由联合参谋部作战局一二处共同拟制的。

这一方案是由联合参谋部作战局一、二处共同拟制的。（正确）

解析："三、四"是约数，表示约数的数字之间不用顿号。"一二处"是两个部门，不同部门之间不能缺少顿号。

参考文献

胡森林：《公文写作点石成金之要点精析》，人民邮电出版社，2022。

《实用公文写作与经典范例》编写组编：《实用公文写作与经典范例》，化学工业出版社，2022。

岳海翔编著：《公文写作指南与范例》，中共中央党校出版社，2022。

李永新：《笔杆子是怎样炼成的：公文写作实战》，清华大学出版社，2021。

学公文：《公文写作从入门到精通》，北京大学出版社，2019。

王健平：《从零开始学公文写作》，清华大学出版社，2015。

高永贵：《公文写作概论》，中国人民大学出版社，2021。

后 记

　　本书是编写组成员结合多年的公文教学经验，参考大量经典例文和公文写作资料编撰而成的。既有常用公文写作的理论知识总结，又有写作模板和点评，兼具理论性与实用性。

　　本书主编由李凯敏、李晶担任，副主编由李咸菊、钱平、杜旭静、王敏担任。参加各章编撰的人员依次为：第一章张哲、李凯敏、李咸菊；第二章李晶、李凯敏；第三章李晶；第四章曹雪立、王敏、钱平、张哲；第五章李咸菊、杜旭静；附录任晶。李凯敏、李晶负责全书的统稿工作。

　　本书在编写过程中，有幸得到了中国军事写作学会会长王景堂教授、副会长许福臣教授的指导。在此，向两位教授致以诚挚的谢意。此外，本书在编写过程中，还参考了大量文献资料，吸收了许多专家学者的研究成果。在此，一并表示诚挚的谢意。

　　由于编写组成员水平有限，再加上时间仓促，挂一漏万之处在所难免，恳请广大同行和读者不吝赐教，以便今后修订和完善。

本书编写组

2022 年 9 月